Sprachniveau

A1+

Anne Buscha • Szilvia Szita

Begegnungen

Deutsch als Fremdsprache

Handbuch für Lehrende

Sprachniveau A1+

3., veränderte Auflage

Mit Zeichnungen von Jean-Marc Deltorn

SCHUBERT Verlag

Bitte beachten Sie unser Internet-Angebot mit zusätzlichen Aufgaben und Übungen zum Lehrwerk unter:

www.aufgaben.schubert-verlag.de

Verlagsredaktion: Albrecht Klemm
Zeichnungen: Jean-Marc Deltorn
Layout und Satz: Diana Liebers

3., veränd. Auflage 2022

Printed in Germany
ISBN: 978-3-96915-023-8

Inhaltsverzeichnis

Allgemeine Hinweise zur Arbeit mit Begegnungen A1+

Vorbemerkungen zum Buch

Begegnungen A1+ ist ein modernes und kommunikatives Lehrwerk für den Anfängerunterricht. Es richtet sich an Erwachsene, die auf schnelle und effektive Weise Deutsch lernen möchten. Das Lehrbuch berücksichtigt die sprachlichen, inhaltlichen und intellektuellen Anforderungen erwachsener Lernender bereits auf dem Niveau A1 des Gemeinsamen Europäischen Referenzrahmens für Sprachen.

Die Konzeption des Lehr- und Arbeitsbuches geht von folgenden Eckpunkten aus:

- logischer und klar strukturierter **Aufbau**, der den Lernenden einen selbstständigen und einfachen Umgang mit dem Lehrstoff ermöglicht,
- **Progression**, die erwachsenen Lernenden angemessen ist und in Verbindung mit einem durchdachten Wiederholungssystem einen schnellen und zugleich nachhaltigen Lernerfolg sichert,
- interessante **Themen**, die sich an der Erfahrungswelt von Erwachsenen orientieren und auch das Interesse der Lernenden mit einbeziehen, die außerhalb des deutschen Sprachraums leben,
- enge Verbindung von konzentrierter **Grammatik- und Wortschatzarbeit**, die eine bewusste und eigenständige Arbeit der Lernenden fördert,
- zielgerichtete Einbindung von wesentlichen und interessanten **landeskundlichen Informationen** in den Lernstoff,
- ausgewogene Entwicklung **produktiver und rezeptiver Sprachfähigkeiten** unter Einbeziehung anspruchsvoller, aber dem jeweiligen Sprachniveau angepasster Lese- und Hörtexte,
- schwerpunktmäßige Vermittlung wesentlicher **phonetischer Erscheinungen** der deutschen Sprache im Rahmen der allgemeinen Progression des Sprachstoffs,
- **Integration von Kurs- und Arbeitsbuch** in einem Band zur Förderung bewusster, zielgerichteter und effektiver Lernarbeit.

Digitale Zusatzmaterialien: Zum Buch gibt es eine Reihe von digitalen Ergänzungen für Lehrende und Lernende. Auf der Verlagsseite sind unter *https://www.schubert-verlag.de/begegnungen_a1.php* weitere Materialien zu finden:

- Hörmaterialien im MP3-Format und in der App SCHUBERT-Audio,
- Online-Übungen und Internetaufgaben,
- Übersetzungen der Redemittellisten in verschiedene Sprachen.

Außerdem steht das Lehrwerk in einer digitalen und interaktiven Form auf der **Lernplattform BlinkLearning** zur Verfügung. Hier sind alle Inhalte des Printbuchs, eine Vielzahl an interaktiven Aufgaben und ein Learning Management System abrufbar.

Das vorliegende **Handbuch** soll Lehrkräften die Arbeit mit **Begegnungen A1+** erleichtern. Es ist ebenfalls in einer Printausgabe und in einer digitalen und interaktiven Form auf *BlinkLearning.com* erhältlich.
Die digitale Ausgabe des Handbuchs kann mithilfe der Codes auf der Umschlaginnenseite freigeschaltet werden.
Zur Unterstützung einer abwechslungsreichen und lernorientierten Gestaltung des Unterrichts sind in diesem Handbuch folgende Hilfsmittel zusammengestellt:

- **unterrichtspraktische Hinweise:** Da die Aufgaben und Themen so strukturiert sind, dass Lehrende und Lernende jeden Schritt nachvollziehen können, bieten wir in diesem Teil vor allem mögliche weiterführende, einleitende oder überleitende Fragen und Übungen an.
- zahlreiche **Arbeitsblätter**, die eine erhebliche Reduzierung der Vorbereitungszeit ermöglichen und als Kopiervorlagen genutzt werden können.
- Folien für die Arbeit am **Whiteboard/Smartboard**: Diese Materialien fördern die Interaktion im Unterricht, bieten zahlreiche Sprechanlässe und können auch zur besseren Veranschaulichung von Informationen eingesetzt werden.

Unterrichtspraktische Hinweise

Die unterrichtspraktischen Hinweise beinhalten Vorschläge zur Arbeit mit einzelnen Aufgaben des Buches und mit den Kopiervorlagen sowie für weiterführende Übungen und Hausaufgaben.

Das Lehrbuch **Begegnungen A1+** umfasst insgesamt **8 Kapitel**, die jeweils in die **Teile A** (Kernprogramm), **B** (fakultatives Zusatzangebot), **C** (Grammatik- und Wortschatzübungen) und **D** (Redemittel und Evaluation) unterteilt sind.

Das Handbuch konzentriert sich auf das Kernprogramm im **Teil A**, dem jeweils die Übungen zu Grammatik und Wortschatz **(Teil C)** zugeordnet werden. Sie finden also die Verweise auf den grammatisch-lexikalischen Übungsteil unter den Hinweisen zum Kernprogramm.
Die Hinweise zum fakultativen **Teil B** (Wissenswertes) sind kurzgefasst. Dieser Teil ist für sehr interessierte Lernende gedacht, die schon auf dem Niveau A1 mehr wissen und lernen wollen, als es die Niveaubeschreibung im Gemeinsamen Europäischen Referenzrahmen vorsieht.

Als schnelle und effiziente **Wiederholung für die Redemittel und die Verben von Teil D** eignen sich unter anderem folgende Übungen:

Wiederholungsübung für die Redemittel

Sofern im Kurs eine andere Vermittlungssprache als Deutsch eingesetzt wird, können die Kursteilnehmenden die Redemittel in dieser Sprache auf **kleine Karten** schreiben. Auf jeder Karte sollten mindestens drei bis vier Sätze stehen, eventuell mit ihrer deutschen Übersetzung auf der Rückseite. Am Anfang der Unterrichtsstunde **zieht jede/jeder Kursteilnehmende eine Karte** und **übersetzt die Sätze ins Deutsche**. (Sie können entscheiden, ob Sie alle oder nur bestimmte Karten einsetzen.)

Wiederholungsübung für die Verben

Schreiben Sie einige **Verben** aus der Verbenliste am Kapitelende an die Tafel. Die Lernenden **sammeln** dazu **passende Nomen** (eventuell als Wettbewerb). Zu jedem Kapitel gehört auch ein Arbeitsblatt mit einer ähnlichen Aufgabe (Grammatik- und Wortschatztraining), das zusätzlich eingesetzt werden kann.

Allgemeine Tipps für den Unterricht

1. Korrektur nach Dialogarbeit/Vortrag

Nach unserer Erfahrung wollen erwachsene Lernende möglichst oft korrigiert werden. Um die Diskussion oder den Kurzvortrag nicht unterbrechen zu müssen, kann die Fehlerkorrektur z. B. folgendermaßen durchgeführt werden:

1. Notieren Sie sich die fehlerhaften Ausdrücke während der Dialogarbeit/des Vortrags.
2. Schreiben Sie dann die fehlerhaften Ausdrücke an die Tafel und lassen Sie die Stelle des Fehlers leer, z. B.: *Ich bin in d......... Wohnung. Er arbeit......... als Lehrer.*
3. Bitten Sie die Kursteilnehmenden, den Satz zu ergänzen. (Auf diese Weise wird die Wiederholung von falschen Sätzen vermieden.)

2. Korrektur per E-Mail

Sofern die Lernenden Hausaufgaben und Übungen per E-Mail an Sie übermitteln, sollte eine effiziente Methode zur übersichtlichen Fehlerkorrektur verwendet werden. Dafür eignet sich die Funktion „Änderungen (verfolgen)" in Textverarbeitungsprogrammen (Word, OpenOffice Writer) besonders gut.
Dabei werden die von Ihnen durchzuführenden Korrekturen in einer anderen Farbe ins Ursprungsdokument eingetragen (ohne es endgültig zu ändern), sodass die/der Lernende die Änderungen genau verfolgen kann. Nach Rücksendung kann die/der Lernende die korrekten Lösungen speichern und den Text/die Übung später zur Wiederholung bzw. Prüfungsvorbereitung nutzen.
Wenn diese Korrekturmethode zu steril erscheint, besteht auch die Möglichkeit, den eingesendeten Text zweimal hintereinander in ein Dokument zu kopieren und nur den zweiten Text zu korrigieren. So hat die/der Lernende die ursprüngliche und die korrigierte Fassung übersichtlich beieinander und Sie können die Korrektur individuell gestalten und dabei weiterführende Hinweise für die Lernarbeit geben.

3. Korrektur der Aussprache

Die Aussprache spielt für die Verständlichkeit eine große Rolle. Sie sollte von Anfang an trainiert und, wenn nötig, korrigiert werden. Greifen Sie dabei unter anderem auf Wörter zurück, mit deren Aussprache die Lernenden vertraut sind. Beispielsweise könnte das Wort *Fußball* zur Übung der Laute *p* und *u* und das Wort *Deutsch* zur Übung der Laute *eu* und *tsch* benutzt werden.
Um Schwerpunkte zu setzen, orientieren Sie sich an den Phonetikübungen des jeweiligen Kapitels.

4. Arbeit in Zweiergruppen: eine Gesprächspartnerin/einen Gesprächspartner finden

Um zu vermeiden, dass immer die gleichen Teilnehmenden eine Kleingruppe bilden, können Sie spielerische Mittel einsetzen, die die Einteilung der Gruppen dem Zufall überlassen.
So könnten beispielsweise in Kapitel 4 (Essen und Trinken) diejenigen, die keinen/einen/zwei/mehr als zwei Tassen Kaffee pro Tag trinken, in Kapitel 5 (Monate) diejenigen, die in demselben Monat/derselben Jahreszeit geboren sind, eine Kleingruppe für eine bestimmte Dialogübung bilden, in Kapitel 6 (Farben und Kleidungsstücke) diejenigen, die ein dunkles/weißes/blaues Hemd tragen usw.
Die Gesprächspartner/innen können sich auch über die passende Kärtchenhälfte finden (s. Arbeitsblätter).

5. Redemittel und Wortvorgaben

Die Übungen im Lehrbuch und die Arbeitsblätter enthalten, wo nötig, Redemittel und Wortvorgaben, die eine Kleingruppenarbeit ohne Betreuung durch die Lehrenden ermöglichen. Lesen Sie die Redemittel und Vorgaben vor dem Beginn der Diskussion immer vor und klären Sie ihre Bedeutung.

6. www.aufgaben.schubert-verlag.de

Hier ist ergänzendes Übungs- und Lernmaterial zum Lehrbuch zusammengestellt. Neben Übungen, die die Lernenden online ausführen können, sind hier auch verschiedene Arbeitsblätter zu finden. Daneben gibt es Internet-Suchaufträge, durch die die Einbeziehung aktueller Informationen zum Buch gefördert und eine kreative, weiterführende Beschäftigung der Lernenden mit deutschsprachigem Material unterstützt wird. Die Materialien können als Ergänzung zum Unterricht oder für die außerunterrichtliche Beschäftigung der Kursteilnehmenden mit der deutschen Sprache eingesetzt werden. Kursleitende sind so – in Verbindung mit der Nutzung der in diesem Buch abgedruckten Arbeitsblätter – in der Lage, ein auf den Sprachstand der Gruppe bzw. der einzelnen Teilnehmenden genau abgestimmtes zusätzliches Übungsangebot einzusetzen.

Arbeitsblätter

Das Handbuch enthält zu jedem Kapitel:

- **neun kommunikationsorientierte Arbeitsblätter zu Teil A**, die der interaktiven Vertiefung von Wortschatz und Grammatik dienen (Rollenspiele, Wechselspiele, Karten, Dialoggerüste usw.),
- ein Arbeitsblatt, das die neu eingeführte **Grammatik mit Wortschatztraining** kombiniert (auch zur Wiederholung einsetzbar),
- einen **Wiederholungstest**,
- einen **Übungstest** für eine **Sprachprüfung auf dem Niveau A1**, der sich an der Prüfung *Goethe-Zertifikat A1: Start Deutsch 1* orientiert.

Am Ende des Buches finden Sie die Lösungen zu den Arbeitsblättern.

Methodische Hinweise zu den einzelnen Kapiteln

KL = die/der Kursleitende KT = die/der Kursteilnehmende/die Kursteilnehmenden

1 Guten Tag!

Im Phonetikteil dieses Kapitels werden die Satzmelodie sowie die Aussprache der *sp-, sch-* und *ei-* Laute geübt. Bei der Korrektur sollte KL auf diese Aspekte besonders achten.

Begrüßung, Vorstellung, Aktivierung der Vorkenntnisse

Vorstellung

KL schreibt den folgenden Satz an die Tafel: *Guten Tag! Ich heiße … Wie heißen Sie?*, dann wendet sie/er sich an KT 1 und begrüßt sie/ihn mit diesem Satz. KT 1 beantwortet die Frage, wendet sich an KT 2 und begrüßt sie/ihn usw.

Einführung in die deutsche Sprache

1. KL bittet KT, deutsche Wörter (z. B. Städte, Automarken) zu nennen, KL schreibt diese an die Tafel und spricht sie aus.
2. KL kann zusätzlich z. B. folgende Wörter an die Tafel schreiben: *Musik – Name – Deutsch – Hallo – Fußball – Medizin.* Diese Wörter kommen im Kapitel vor.
3. Es werden einige Regeln zur Aussprache formuliert, z. B. *s, z, tsch, eu* usw. KL macht KT auf die konsequente Aussprache im Deutschen aufmerksam: Da die meisten Buchstaben immer gleich ausgesprochen werden, können bekannte Wörter auch bei der richtigen Aussprache neuer Vokabeln helfen.

Seite 8
1. KL grüßt KT mit allen Begrüßungsformeln, KT grüßen zurück.
2. KL schreibt verschiedene Uhrzeiten an die Tafel, KT stehen auf und grüßen sich entsprechend der Uhrzeit (evtl. mit Händeschütteln).

A1
KT lesen und hören die Texte, KL erklärt die unbekannten Wörter. (Bekannte und/oder internationale Wörter können hervorgehoben werden.)

A2
1. KT lesen, hören und wiederholen die Fragen und Antworten, danach blättern sie zu den Kurztexten zurück. KL stellt die Fragen aus A2, KT hören gut zu und beantworten sie anhand der Texte.
2. KT bilden Zweiergruppen und stellen mithilfe der Fragen und Antworten aus A2 Sarah Mounier vor.

A3
1. KT lesen und hören die Ländernamen.
2. KL wendet sich an KT 1 und sagt, woher sie/er kommt: *Ich komme aus … (Deutschland/Köln). Woher kommen Sie?* KT 1 beantwortet die Frage und stellt sie dann KT 2 usw.

A4
1. KT diskutieren in Zweiergruppen und schreiben ihre Antworten auf.
2. KT überprüfen ihre Lösungen mit dem Hörtext und korrigieren ggf. ihre Antworten.
3. KL kann KT bitten, eine bekannte Person aus dem Heimatland zu nennen, z. B: *Ich komme aus Schweden. Greta Garbo kommt (auch) aus Schweden.*

A5–10
1. KT lösen die Aufgabe zunächst alleine. Einige KT beantworten die Fragen dann mündlich im Plenum.
2. A6 dient zur Einübung der Satzmelodie, die in A7 eine wichtige Rolle spielt.
3. KT diskutieren in Zweiergruppen und füllen A7 aus. Danach stellen sie ihre Gesprächspartnerin/ihren Gesprächspartner vor.
4. KL bittet KT 1, KT 2 eine Frage über jemanden in der Gruppe zu stellen, z. B.: *Louis, woher kommt Anja?* KT 2 beantwortet die Frage und stellt KT 3 eine andere Frage.

Es wird bestimmt vorkommen, dass KT einen Namen nicht gut verstehen. Das könnte ein guter Anlass sein, auf die Bedeutung des Alphabets hinzuweisen und zu Aufgabe A8 (Alphabet) überzuleiten.

Zum weiteren Arbeitsvorgang: s. Anweisungen im Buch

Arbeitsblatt 1: Städte buchstabieren

Wortschatz: Städtenamen, Buchstaben
Grammatik: kein besonderer Schwerpunkt

1. KL macht Kärtchen und teilt sie aus. Jede/Jeder KT kann eine oder mehrere Karten bekommen.
2. KT 1 buchstabiert den Namen der Stadt auf dem eigenen Kärtchen. KT schreiben mit und sagen dann den Namen. Das Spiel geht so lange, bis alle KT ihre Städte buchstabiert haben.
3. KL bittet KT, die Länder, in denen die Städte liegen, zu nennen.

A11
1. KT buchstabieren ihren Namen, ihre Heimatstadt und ihr Heimatland in Kleingruppen oder im Plenum und tragen ihre Antworten im Buch ein (s. Anweisungen im Buch).
2. Einige Antworten werden im Plenum kontrolliert.

A12–14
1. KT hören und ergänzen die Berufe.
2. KL und KT formulieren die Regel für die Bildung maskuliner und femininer Berufsbezeichnungen. (Einige maskuline Berufsbezeichnungen enden auf *-er*, feminine immer auf *-in*.)
3. KL kann KT bitten, den Beruf der in A4 erwähnten Berühmtheit aus dem Heimatland zu nennen.

Zum weiteren Arbeitsvorgang: s. Anweisungen im Buch

Arbeitsblatt 2: Wie heißen die Berufe?

Wortschatz: Berufsbezeichnungen
Grammatik: Endung *-in*

KT füllen das Arbeitsblatt in Zweiergruppen aus.

Variante (Wettbewerb):
KT versuchen, sich in 30 Sekunden möglichst viele Berufsbezeichnungen zu merken, und füllen dann bei geschlossenem Buch das Arbeitsblatt aus.

A15–16 Übungen zur Konjugation: s. Anweisungen im Buch

Grammatikübersicht und Übungen: C1–3

A17–19 Übungen zu Ländern und Sprachen: s. Anweisungen im Buch

Arbeitsblatt 3: Länder und Sprachen

Wortschatz: Länder und Sprachen
Grammatik: kein besonderer Schwerpunkt

1. KL teilt die Kärtchen aus: Jede/Jeder KT erhält eine Karte, auf der der Name eines Landes oder eine Sprache steht. Die Aufgabe ist, die passende Sprache oder das passende Land zu der eigenen Karte zu finden (z. B.: *Spanien – Spanisch*).
2. KT stehen auf und vergleichen ihre Karten. Diejenigen, deren Wörter zusammengehören, bilden eine Zweiergruppe für A20.
3. Die Wörter werden im Plenum vorgelesen (evtl. nur das Land, KT müssen die Sprache nennen).

A20–21 Übungen zu Possessivartikel und Diphthong *ei*: s. Anweisungen im Buch
KL erklärt die Funktion der Possessivartikel, deren Aussprache in A21 geübt wird. (Die Possessivartikel *unser, euer* werden erst im nächsten Kapitel behandelt.)

A22 KT wiederholen die Ländernamen in Partnerarbeit und vergleichen ihre Ergebnisse anschließend mit anderen KT.

A23–28 In diesem Aufgabenblock werden die Zahlen eingeführt. In A23 sollten KT die Möglichkeit erhalten, die Zahlen mehrmals laut zu sprechen.
In A24–A28 vertiefen KT die Zahlen, siehe Anweisungen im Buch.

Grammatikübersicht und Übungen: C12–14

Arbeitsblatt 4: Zahlenbingo

Wortschatz: Zahlen
Grammatik: kein besonderer Schwerpunkt

1. Die Übung ist ein Zahlenbingo. KT kreuzen auf ihrem Arbeitsblatt fünf beliebige Zahlen an.
2. KL sagt Zahlen, KT kreuzen diese mit einer anderen Farbe an.
3. Das Spiel geht so lange, bis eine/einer der KT alle fünf Zahlen gehört hat. Dann ruft sie/er: *Bingo!*
4. KL kann die Siegerin/den Sieger bitten, die Zahlen vorzulesen.

Alternative:
KL macht 100 kleine Kärtchen mit den Zahlen und steckt diese in einen Briefumschlag oder in eine kleine Tüte. KT ziehen der Reihe nach Kärtchen und sagen die Zahl, die darauf steht. Auf diese Weise nehmen KT aktiver am Spiel teil.

A29 Diese Aufgabe dient der kombinierten Wiederholung der Buchstaben und Zahlen. KL kann KT bitten, das eigene Autokennzeichen zu nennen, die Gruppe notiert es.

A30–33 Übungen zu Satzbau, Konjugation: s. Anweisungen im Buch

A34–36 Mögliche Überleitung:
KL schreibt die Namen und den Verwandtschaftsgrad der Familienmitglieder (*die Mutter von …, die Schwester von …* usw.) aus A34 an die Tafel und fragt: *Was meinen Sie? Wer ist wer?* KT raten, anschließend vergleichen sie ihre Antworten mit dem Text. Auf diese Weise werden die Bezeichnungen für die Familienmitglieder vor dem Lesen eingeführt.

Kurztexte und Aufgaben zu Familienmitgliedern: s. Anweisungen im Buch

Grammatikübersicht und Übungen: C4–11

Arbeitsblatt 5: Familie Behrens

Wortschatz: Angaben zur Person (Alter, Familienstand, Beruf, Hobby)
Grammatik: Konjugation, Satzbau

1. Auf dem Arbeitsblatt sind die Informationen aus A34 in Stichworten zusammengefasst.
2. KT arbeiten im Plenum, in Zweiergruppen oder allein und stellen sich im Namen einer dieser Personen vor.

Variante:
KL macht kleine Karten (jede/jeder bekommt nur eine davon). KT schreiben einen kurzen Text in 1. Person Singular und lesen ihn vor, evtl. ohne den Namen zu sagen. Die anderen KT raten, von wem der Text handelt und/oder korrigieren nur die Grammatikfehler.

A37–39 Übungen zur Konjugation: s. Anweisungen im Buch

Arbeitsblatt 6: Welche Antwort passt?

Wortschatz: kein besonderer Schwerpunkt
Grammatik: Satzbau

1. KT bilden Zweiergruppen: KT 1 hat Arbeitsblatt A, KT 2 hat Arbeitsblatt B. Auf den Arbeitsblättern stehen Fragen und jeweils zwei mögliche Antworten auf die Fragen der Gesprächspartnerin/des Gesprächspartners.
2. KT spielen anhand der Fragen und Antworten kurze Dialoge und schreiben diese auch auf. (Die Satzmelodie kann vor dem Spiel ggf. mit A6 wiederholt werden.)
3. Zum Schluss werden die zehn kurzen Dialoge noch einmal im Plenum gespielt.

A40 Angaben zur Person: s. Anweisungen im Buch

Arbeitsblatt 7: Infobörse

Wortschatz: Angaben zur Person
Grammatik: Satzbau

1. Es werden mehrere Kleingruppen mit jeweils 3 bis 4 KT gebildet.
2. KT diskutieren und notieren sich die Informationen über die Gesprächspartner/innen und sich selbst auf dem Arbeitsblatt.
3. Wenn das Blatt ausgefüllt ist, wählt jedes Mitglied der Gruppe 1 eine Person aus Gruppe 2 (oder aus einer anderen Gruppe) und gibt ihm die gehörten Informationen weiter. Dann werden die Rollen getauscht.
4. Die interessantesten Informationen werden im Plenum vorgestellt.

A41 KL kann KT bitten, Familienfotos in den Kurs mitzubringen.

Arbeitsblatt 8: Wer sind diese Menschen?

Wortschatz: Angaben zur Person
Grammatik: Satzbau

1. KT arbeiten in Kleingruppen. Jede Kleingruppe wählt eine oder mehrere Personen aus und schreibt einen kurzen Text über sie.
2. Die Kurztexte werden im Plenum vorgelesen und, wenn nötig, korrigiert.

A42 Übungen zu Angaben zur Person: s. Anweisungen im Buch

Mögliche weiterführende Übung:
KL sucht Fotos verschiedener Personen (in Zeitschriften oder online) und die KT erfinden in Partnerarbeit einige Angaben zu den abgebildeten Personen, die dann im Plenum präsentiert werden.

Ratespiel:
KL denkt an eine berühmte Person. KT stellen Fragen, KL antwortet mit ja oder nein. Wer die Person herausgefunden hat, denkt nun an eine Berühmtheit, und so setzt sich das Spiel immer weiter fort.

Arbeitsblatt 9: Satzbautraining

Lernziel: Wortschatz und Grammatik des Kapitels vertiefen

1. KT bilden Zweiergruppen: KT 1 hat Arbeitsblatt A, KT 2 hat Arbeitsblatt B. Aus dem ursprünglichen Satz werden mithilfe der Vorgaben neue Sätze gebildet.
2. In Teil A bildet KT 2 Sätze, KT 1 kontrolliert und korrigiert sie/ihn.
3. In Teil B werden die Rollen getauscht.

Arbeitsblatt 10: Grammatik- und Wortschatztraining

Grammatik- und Wortschatzübungen zur Konjugation (nach A38 jederzeit einsetzbar)

Arbeitsblatt 11: Wiederholungstest

Der Test gibt KT Gelegenheit, sich zu überprüfen und eventuelle Fragen zu klären.

Arbeitsblatt 12: Prüfungsvorbereitung *Goethe-Zertifikat A1: Start Deutsch 1*

Zusammenfassende Übung und Vorbereitung auf die Prüfung *Goethe-Zertifikat A1: Start Deutsch 1.* Der Prüfungsteil *Sprechen Teil 1* ist immer gleich. Die Kandidaten stellen sich mithilfe der auf dem Arbeitsblatt vorgegebenen sieben Wörter kurz vor. Zur Beschreibung dieses Prüfungselements s. S. 227 im Lehrbuch.

B1 *fakultativ*
1. KT lesen die Statistik und bilden dann einige Sätze im Plenum.
2. Danach werden Zweiergruppen gebildet. KT 1 deckt die rechte, KT 2 die linke Statistik ab, und sie stellen sich gegenseitig Fragen über die Statistiken.
(Evtl. können KT die Antworten zuerst notieren und dann mit dem Buch vergleichen.)

B2 *fakultativ*
Quiz: s. Anweisungen im Buch

Variante zur Wiederholung der Zahlen:
1. KT bilden Kleingruppen, diskutieren und kreuzen die ihrer Meinung nach richtigen Antworten an.
2. Die Antworten werden im Plenum kontrolliert: Jede Gruppe hat 10 Euro, jede richtige Antwort ist 10 Euro wert, für jede falsche Antwort verliert die Gruppe 5 Euro. Nach jeder Frage rechnen die Gruppen aus, wie viel Geld sie haben, KL schreibt den Betrag an die Tafel.

B3–4 *fakultativ*
Kurztexte über die deutschsprachigen Länder, kurze Vorstellung des Heimatlandes: s. Anweisungen im Buch

D s. Hinweise S. 5

2 Erste Kontakte am Arbeitsplatz

Im Phonetikteil dieses Kapitels wird der Wortakzent geübt. Bei der Korrektur der Aussprache sollte KL auf diesen Aspekt besonders achten.

Einführung des Themas, Aktivierung der Vorkenntnisse
1. Zur Einführung des Themas können die Berufe der KT wiederholt werden. Danach schreibt KL Internationalismen (Bürogegenstände) an die Tafel: *Telefon, Computer, Fax, Internet, Dokument, Papiere, Kalender, Kaffeemaschine, Lampe* usw. KL spricht die Wörter vor, KT wiederholen sie. Dann fragt KL: *Ist das auch in Ihrem Büro?* KT beantworten die Frage mit den Namen von zwei oder drei Gegenständen auf folgende Weise: *Telefon: ja, Computer: nein* usw.
2. Die Liste kann mit den folgenden Personenbezeichnungen ergänzt werden: *der Chef/die Chefin, der Kollege/die Kollegin, der Assistent/die Assistentin.*

A1
1. KL bittet KT, bei geschlossenem Buch möglichst viele Wörter und Ausdrücke aus dem Dialog zu notieren und spielt den Hörtext ein- oder zweimal vor. (Auf diese Weise können sich die KT z. B. die Internationalismen sofort einprägen.)
2. Der Dialog wird bei offenem Buch noch einmal angehört.
3. KL erklärt die unbekannten Wörter. (Sie/Er kann schon in diesem Teil auf die drei Artikel hinweisen, z. B. durch folgende Fragen: *Wie viele Artikel gibt es im Deutschen? Woher wissen Sie das?* o. ä.)

A2 KT hören die Wörter in A2 und ordnen die schon aus A1 bekannten Bürogegenstände den Bildern zu. Danach werden die unbekannten Wörter aus A2 geklärt.

Tabelle unter A2: KL erklärt, dass im Deutschen auch Gegenstände maskulin, feminin oder neutral sind. Es können ggf. einige einfache Regeln zur Artikelbestimmung formuliert werden (*-e* meistens feminin, *-er* für Geräte und Maschinen maskulin).

Zum weiteren Arbeitsvorgang: s. Anweisungen im Buch

Grammatikübersicht und Übungen: C3–6

A3–A5 In den Berichten in A3 werden die bereits in Kapitel 1 eingeführten Possessivartikel und der neue Wortschatz wiederholt.
Die Übersicht in A4 führt den unbestimmten und den negativen Artikel ein.
KL erklärt kurz die Funktion der neuen Artikel: Der unbestimmte Artikel beschreibt etwas Unbekanntes, Neues: *Das ist eine Brille.* Der bestimmte Artikel beschreibt einen bekannten Gegenstand: *Das ist die Brille von Peter.* Der negative Artikel signalisiert Negation: *Hier ist keine Brille.*
In A5 werden die neu eingeführten Artikel geübt. KT arbeiten zu zweit und vergleichen ihre Ergebnisse mit anderen.

Arbeitsblatt 1: Was fehlt hier?

Wortschatz: Bürogegenstände
Grammatik: Verneinung mit *kein/keine*

1. KT arbeiten in Zweiergruppen: KT 1 bekommt Arbeitsblatt A, KT 2 Arbeitsblatt B. Auf beiden Arbeitsblättern ist dasselbe Büro zu sehen, aber in dem Büro auf Arbeitsblatt B fehlen sieben Gegenstände. Die Aufgabe ist, diese zu finden.
2. KT notieren die Namen der Gegenstände, die sie auf ihrem Arbeitsblatt sehen.
3. Mithilfe der vorgegebenen Redemittel berichten sie über die Büros und versuchen, die fehlenden Gegenstände zu finden. Die Zeichnung auf dem eigenen Arbeitsblatt darf man natürlich nicht zeigen! (*Lösung: Papier im Drucker, Wörterbuch, Laptop, drei Bleistifte, Handy, Kugelschreiber, Tasse*)

A6–7 Wiederholung der Zahlen, Preise nennen, Gegenstände kurz beschreiben: s. Anweisungen im Buch

A8–9 Der Text in A8 stellt einige Probleme im Büro vor. KT lesen nach dem Hören den Text in Zweiergruppen laut. A9 wird in Partnerarbeit gelöst. Sowohl in A8 als auch in A9 erscheint das Verb *können*. KL beschreibt kurz die Bedeutung und zieht ggf. die Konjugation (S. 41) vor. Danach verweist KL auf die unterschiedliche Verwendung von *nicht* und *kein* bei der Negation.

A10–13 KL liest zunächst den Dialog in A11 laut vor und bittet KT, alle Adjektive zu markieren. Im Anschluss bearbeiten KT A10 wie angegeben. KL erläutert die Adjektivendungen nach unbestimmtem Artikel und verweist auf das Genus und das Genus-Signal an den Adjektiven. KT lernen so frühzeitig die erweiterte Nomengruppe kennen und verstehen. Danach spielen KT die Dialoge in A11 selbstständig.

Die Übungen A12 und A13 zur Verwendung der Adjektive erfolgen am besten als Partnerarbeit.

Grammatikübersicht und Übung: C2

Arbeitsblatt 2: Gegenteile ziehen sich an …

Wortschatz: Adjektive aus A12
Grammatik: kein besonderer Schwerpunkt

1. KL teilt die Karten aus: Jede/Jeder KT bekommt nur eine. KT sollen die Person mit dem Gegenteil des Adjektivs auf ihrer Karte finden. Mit dieser Person bilden sie eine Zweiergruppe für die Dialogarbeit auf Arbeitsblatt 3.
2. KT stehen auf, vergleichen ihre Karten und finden die Gesprächspartnerin/den Gesprächspartner.
3. Die Adjektivpaare werden im Plenum vorgelesen.

Arbeitsblatt 3: Wir gehen einkaufen

Wortschatz: Zahlen, Adjektive und Nationalitäten
Grammatik: Artikel- und Adjektivendungen

1. KL teilt die Arbeitsblätter aus: KT 1 bekommt Arbeitsblatt A, KT 2 Arbeitsblatt B. Wir sind in einem Geschäft, brauchen Informationen über einige Produkte und wenden uns deshalb an die Verkäuferin/den Verkäufer. In Teil A ist KT 1 die Käuferin/der Käufer, KT 2 die Verkäuferin/der Verkäufer, in Teil B werden die Rollen getauscht.
2. Die Gegenstände auf den Bildern werden im Plenum genannt.
3. KT diskutieren in Zweiergruppen und ergänzen die fehlenden Informationen.
4. Einige Dialoge werden im Plenum vorgestellt.

A14–18 Universitätsabteilungen werden kurz beschrieben und die Konjugation des Modalverbs *können* wird erklärt, wenn dies nicht bereits durch KL in A9 geschehen ist.
In A16 wird der Fokus auf den Satzbau gelenkt und die Satzklammer eingeführt. KT sollen erkennen, dass die Verben eine feste Position haben, Subjekt und Ergänzungen aber ihre Position verändern können.

Grammatikübersicht und Übungen: C1, C7–8

Arbeitsblatt 4: Der Campus

Wortschatz: Universitätsabteilungen, einfache Tätigkeiten
Grammatik: Konjugation von *können*

1. KL teilt die Arbeitsblätter und die Kärtchen aus: Jede/Jeder KT bekommt ein Arbeitsblatt und ein Kärtchen dazu.
2. Aufgabe 1: KL diktiert die Namen der Gebäude, KT tragen diese auf dem Arbeitsblatt ein. Die Rechtschreibung wird mit A14 korrigiert.
3. Aufgabe 2: Die Wörter werden nach Artikeln geordnet (evtl. können einige Regeln zur Artikel- und Pluralbestimmung formuliert werden, z. B. Wörter auf *-ung* sind feminin und bekommen *-en* im Plural, Maschinen auf *-er* sind maskulin und bekommen keine Pluralendung).
4. Aufgabe 3: Wir machen einen Rundgang auf dem Campus. Jede/Jeder KT ist „Fremdenführer/in" in dem Gebäude, dessen Name auf ihrer/seiner Karte steht.
5. Nach einer kurzen Vorbereitungszeit stellen KT mithilfe der Vorgaben ihr Gebäude vor. (Bei zwei Kartensätzen stellen zwei KT ein Gebäude zusammen vor.)

A19 KT hören zuerst die Wörter und sprechen sie nach. Danach werden die Wendungen in Gruppenarbeit den Zeichnungen zugeordnet und KT berichten innerhalb der Gruppe über Lieblingshobbys in ihrem Land. Die Ergebnisse werden im Plenum präsentiert.

Ergänzende Übung:
KL bittet KT, in Zweier- oder Dreiergruppen gemeinsame Freizeitbeschäftigungen zu suchen, z. B.: *Ich fotografiere gern. Fotografiert ihr auch gern?* Die Informationen werden im Plenum vorgestellt.

A20–21 A20 wird im Plenum oder in Kleingruppen gelöst.

KL und KT formulieren die Regeln für die Konjugation der Verben mit Umlaut *(fahren)*. KL kann KT darauf aufmerksam machen, dass im Plural alle Verben bis auf *sein* regelmäßig konjugiert werden.

Übungen: C9–10

Arbeitsblatt 5: Hobbys

Wortschatz: Hobbys
Grammatik: Konjugation im Präsens

1. Aufgabe 1: KL teilt die Arbeitsblätter aus und bittet KT, die fehlenden Wörter zu ergänzen.
2. Aufgabe 2: Danach werden einige oder alle Verben auf folgende Weise konjugiert: KT 1 nennt 1. Person Singular, KT 2 nennt 2. Person Singular usw.

   Oder: KT würfeln der Reihe nach und geben die Verbform in der entsprechenden Person an (1 = *ich*, 2 = *du* usw.).

A22–24 Dialog über Freizeit und Hobbys, formelle und informelle Anrede: s. Anweisungen im Buch

Mögliches Aussprache- und Intonationstraining:

A22: KT lesen den Dialog (still oder laut), dann schließen sie das Buch. KL spielt den Dialog Satz für Satz vor und bittet KT, die Sätze zu wiederholen.
(Möglicher Schwerpunkt für die Aussprache: Wortakzent)

A24: KT und KL formulieren die Grundregeln zum Gebrauch der informellen und der formellen Anrede.

Übungen: C11–13, C15–16

Arbeitsblatt 6: In der Cafeteria (Rollenspiel)

Wortschatz: Hobby und Freizeit
Grammatik: Satzbau, Konjugation

1. KT üben mithilfe des Dialoggerüsts ähnliche Gespräche wie A22 ein.
2. Einige Dialoge werden im Plenum vorgestellt.
3. KT spielen den Dialog noch einmal, aber diesmal geben sie wahrheitsgetreue Antworten (am besten ohne Vorbereitungszeit, gleich im Plenum).

Aufgabe 1 kann auch so ausgeführt werden, dass KT nur die Ausdrücke zu ihrer eigenen Rolle sehen.

A25 Wendungen zum Thema *Freizeit* werden vertieft und erweitert. Die Bearbeitung erfolgt in Partner- oder Gruppenarbeit.

Arbeitsblatt 7: Das kann man … (Hobbys: Wörter sammeln)

Wortschatz: Wendungen zum Thema *Freizeit*
Grammatik: kein besonderer Schwerpunkt

1. KL teilt alle Kärtchen aus: Jede/Jeder KT kann mehrere Karten bekommen.
2. KT öffnen das Buch bei A25, verdecken aber das Kästchen mit den Nomen.
3. Auf jeder Karte stehen zwei Nomen, die zu zwei verschiedenen Verben aus A25 passen. Einige Nomen sind neu, aber die meisten davon sind Internationalismen und werden deshalb sicher bekannt klingen. Wenn das Wort nicht verstanden wurde, sollte mit folgenden Redemitteln zurückgefragt werden: *Wie schreibt man das?/Noch einmal, bitte./Können Sie das wiederholen/buchstabieren?* (Diese Redemittel kann KL vor Schritt 3 an die Tafel schreiben.)
4. KT 1 beginnt das Spiel, indem sie/er das erste Wort auf ihrer/seiner Karte vorliest und gleich auch das dazugehörende Verb nennt (z. B.: *Violine spielen*).
5. KT tragen die Nomen beim passenden Verb im Buch ein. Wenn jemand ein Nomen nicht verstanden hat, dann kann sie/er KT mit der entsprechenden Karte bitten, es zu buchstabieren.
6. Das Kästchen im Buch wird aufgedeckt und die Rechtschreibung der Nomen kontrolliert.

A26–28 KT erweitern ihren Wortschatz um die Wochentage und wiederholen Wendungen zum Thema *Freizeit*, s. Anweisungen im Buch.

Im Gespräch zu A26 können KT den Wortschatz aus A25 nochmals verwenden und auf diese Weise weiter vertiefen.

Arbeitsblatt 8: Dominospiel

Wortschatz: einfache Tätigkeiten, Wochentage
Grammatik: Konjugation

1. KL teilt die Dominos aus, KT bringen sie in die richtige Reihenfolge (evtl. als Wettbewerb).
2. Die Lösungen werden im Plenum kontrolliert.

Arbeitsblatt 9: Satzbautraining

Lernziel: Wortschatz und Grammatik des Kapitels vertiefen

1. KT bilden Zweiergruppen: KT 1 bekommt Arbeitsblatt A, KT 2 Arbeitsblatt B. Aus dem ursprünglichen Satz werden mithilfe der Vorgaben neue Sätze gebildet.
2. In Teil A bildet KT 2 Sätze, KT 1 kontrolliert und korrigiert sie/ihn.
3. In Teil B werden die Rollen getauscht.

Arbeitsblatt 10: Grammatik- und Wortschatztraining

Grammatik- und Wortschatzübungen zu den Possessivartikeln (nach A21 jederzeit einsetzbar)

Arbeitsblatt 11: Wiederholungstest

Der Test gibt KT Gelegenheit, sich zu überprüfen und eventuelle Fragen zu klären.

Arbeitsblatt 12: Prüfungsvorbereitung *Goethe-Zertifikat A1: Start Deutsch 1*

Zusammenfassende Übung und Vorbereitung auf die Prüfung *Goethe-Zertifikat A1: Start Deutsch 1*. Die Kandidaten müssen im Prüfungsteil *Sprechen Teil 2* eine beliebige Frage zu dem auf ihrer Karte vorgegebenen Wort stellen. Zur Beschreibung dieses Prüfungselements s. S. 227 im Lehrbuch.

B1–2 *fakultativ*
Freizeitaktivitäten in Österreich und der Schweiz: s. Anweisungen im Buch

D s. Hinweise S. 5

3 Unterwegs in München

Im Phonetikteil dieses Kapitels wird die Aussprache von *-er, ü* und *ö* geübt. Bei der Korrektur sollte KL auf diese Aspekte besonders achten.

Einführung des Themas, Aktivierung der Vorkenntnisse

1. Zur Einführung des neuen Themas kann KL z. B. folgende Fragen stellen: *Schlafen Sie manchmal im Hotel? Welche Angaben muss man an der Rezeption machen? Wie lauten die Fragen des Rezeptionisten?* KT sammeln in Zweiergruppen Fragen (Name, Adresse, Telefonnummer usw.) und beantworten diese für sich.
2. KL kann zum Thema folgende Wörter an die Tafel schreiben und vorsprechen: *das Hotel – der Balkon – die Minibar – das Restaurant – das Zimmer – die Tiefgarage – das Fitnesscenter – die Sauna.*

A1 Bei geschlossenem Buch beschreibt KL kurz das Thema (Dialog an einer Hotelrezeption) und spielt den Hörtext zweimal vor. KT haben die Aufgabe, den Preis des Zimmers und die Adresse von Herrn Heinemann (oder einfach möglichst viele Wörter) zu notieren. Danach wird der Dialog gelesen und gleichzeitig angehört. KL erklärt die unbekannten Wörter und beantwortet eventuelle Fragen.

Übersicht zu den Gruß- und Abschiedsformeln:
1. KL spricht die Begrüßungen vor und erklärt ihren Gebrauch.
2. KT stehen auf und grüßen sich mit einer frei gewählten Begrüßungsform. (KT 2 reagiert auf die Begrüßung von KT 1.) Danach verabschieden sie sich und grüßen die nächste Person.
3. Das Spiel geht so lange, bis KL laut *Stopp!* sagt. Diejenigen, die sich gerade grüßen, bilden eine Zweiergruppe für A2.

A2 Mithilfe der Wortvorgaben spielen KT Kurzdialoge an der Hotelrezeption.
1. Statt den Akkusativ sofort zu erklären, sollte KL warten, bis KT nach einer Erklärung der veränderten Artikelendungen fragen (*einen* statt *ein* bei maskulin), ggf. kann sie/er auch eine gezielte Frage stellen.
2. Die Regeln zum Gebrauch des Akkusativs werden formuliert und die Artikelendungen werden aufgeschrieben. KL kann hier verdeutlichen, dass man mithilfe des Kasus die Funktion der Satzglieder erkennen kann: Subjekt – Objekt.

Arbeitsblatt 1: Im Hotel (Rollenspiel)

Wortschatz: Dialog an der Hotelrezeption
Grammatik: Akkusativ

1. KT üben einen weiteren Dialog mithilfe des Dialoggerüsts ein und achten dabei bewusst auf den Gebrauch des Akkusativs.
2. Alle oder einige Dialoge werden im Plenum vorgestellt. KL kann KT bitten, die gehörten Fehler zu notieren und nach dem Gespräch zu korrigieren. Die Aufgabe kann auch so ausgeführt werden, dass KT nur die Vorgaben zu ihrer eigenen Rolle sehen.

A3 Diese Übung dient der schriftlichen Vertiefung des Akkusativs.

Grammatikübersicht und Übungen: C1–2, C4, C8–9, C13, C16–17

Arbeitsblatt 2: Nominativ oder Akkusativ?

Wortschatz: kein besonderer Wortschatz
Grammatik: Unterschied zwischen Nominativ und Akkusativ, Verben mit Akkusativ

Variante 1:
Auf dem Arbeitsblatt stehen Sätze mit und ohne Akkusativergänzung, KT ordnen sie in die entsprechende Spalte (in Zweiergruppen oder allein). Die Aufgabe wird im Plenum kontrolliert.

Variante 2:
KL schreibt die Sätze auf Karten. Jede/Jeder KT bekommt eine oder zwei Karten. Sie/Er hat die Aufgabe, diese der richtigen Gruppe (an der Pinnwand/Magnettafel) zuzuordnen. (Das ist natürlich anschaulicher als Variante 1. Ein weiterer Vorteil ist, dass KT auf diese Weise die Tabelle bis zum Ende des Unterrichts vor sich haben.)

Arbeitsblatt 3: Haben Sie das in Ihrer Tasche?

Wortschatz: Gebrauchsgegenstände
Grammatik: Akkusativ

1. KL teilt die Arbeitsblätter aus, KT arbeiten in Zweiergruppen. Auf dem Arbeitsblatt sind verschiedene Gegenstände zu sehen. Wir möchten wissen, ob die Nachbarin/der Nachbar diese Gegenstände bei sich führt.
2. KT diskutieren mithilfe der vorgegebenen Redemittel.
3. Die interessantesten Informationen werden im Plenum vorgestellt.

Mögliche weiterführende Übung:
1. In lernstarken Gruppen bittet KL die KT, zwei oder drei Gegenstände aus ihrer Tasche auf den Tisch zu legen und ggf. deren Namen im Wörterbuch nachzuschlagen.
2. KT stellen ihre Gegenstände im Plenum vor, nützliche Wörter werden notiert.

A4–9 KL führt das Thema *München* ein, indem er z. B. folgende Fragen stellt: *Kennen Sie München? Wo liegt München? Kennen Sie Hotels in München? Möchten Sie München besuchen?* o. ä. (s. Karte im Lehrbuch) Zum weiteren Arbeitsvorgang: Hotels beschreiben, ein Formular ausfüllen: s. Anweisungen im Buch

A7: In der Prüfung *Goethe-Zertifikat A1: Start Deutsch 1* müssen die Kandidaten ein ähnliches Formular ausfüllen.
Zur Beschreibung dieses Prüfungselements s. S. 226 im Lehrbuch.

Mögliche Hausaufgabe: Internet-Suchauftrag
1. KL gibt folgende Aufgabe: Wir suchen in Berlin ein Hotelzimmer für nächstes Wochenende, das bestimmten – von KL festgelegten – Kriterien entspricht, z. B. es soll in der Nähe eines Flughafens sein, die Einzelzimmer dürfen nicht mehr als 100 Euro kosten usw. Die Kriterien werden im Unterricht gemeinsam festgelegt.
2. KT suchen zu Hause im Internet nach passenden Angeboten.
3. Die Suchergebnisse werden in der nächsten Unterrichtsstunde vorgestellt.

Arbeitsblatt 4: Ja oder nein?

Wortschatz: Hotel
Grammatik: Entscheidungsfragen

1. Jede/Jeder KT erhält eine Karte. Auf jeder Karte steht eine Frage, die sowohl mit *Ja* als auch mit *Nein* beantwortet werden muss.
2. KT 1 stellt KT 2 seine Frage.
3. KT 2 beantwortet sie mit *Ja*.
4. KT 3 beantwortet dieselbe Frage mit *Nein*.
5. KT 2 liest seine Frage vor, KT 3 beantwortet sie mit *Ja*, KT 4 mit *Nein* usw.
6. Das Spiel geht so lange, bis alle Fragen beantwortet sind. (Auf diese Weise stellt jede/jeder KT eine Frage und beantwortet zwei weitere mit *Ja* bzw. mit *Nein*.)

A10–11 Da im Phonetikteil die Aussprache von *-er* am Wortende geübt wird (A10), sollten KT in A11 auf diesen Aspekt besonders achten.

A12–13 Mögliche Überleitung: Kurze Diskussion im Plenum
KL stellt im Plenum folgende Frage: *Was für Probleme kann es in einem Hotel geben?* Wenn nötig, kann er einige Satzanfänge *(Es gibt kein(e) …/… ist kaputt.)* an die Tafel schreiben.

Zum weiteren Arbeitsvorgang: Probleme melden: s. Anweisungen im Buch

A14–15 Phonetik *(ö)*: s. Anweisungen im Buch

In Gruppen, in denen die Umlaute Probleme bereiten, kann KL KT bitten, in den Sätzen von A15 statt der 1. Person Singular *(ich kann)* die 1. Person Plural *(wir können)* zu benutzen, um mehr Übungsmöglichkeiten zu bieten.

A16–17 In dieser Sequenz wird die Nomengruppe mit Adjektiv um den Akkusativ erweitert. Vorgeschaltet ist die Übersicht, die von der/vom KL mit einigen Sätzen an der Tafel eingeführt werden sollte:
Das ist ein neuer Fernseher. Der neue Fernseher funktioniert sehr gut.
Ich habe auch einen alten Fernseher. Den alten Fernseher brauche ich nicht mehr.
KT sollen zunächst den Kasus erkennen. Danach markiert KL die Endungen der Artikel und Adjektive an der Tafel und hebt damit das Signal für Genus und Kasus hervor. Dies dient in erster Linie zum Erkennen der Struktur. Die Übungen A16 und A17 sollten in Partnerarbeit gelöst werden.

Grammatikübersicht und Übungen: C3–4, C10

Arbeitsblatt 5: Tauschbörse

Wortschatz: Bürogegenstände
Grammatik: Akkusativ

1. Jede/Jeder KT erhält mehrere Karten. Auf jeder Karte sieht man die Zeichnung eines Gegenstandes und die Bezeichnung für einen anderen. Gegenstand 1 (Zeichnung) besitzt man, Gegenstand 2 (Wort) braucht man.
2. KL beginnt das Spiel. Sie/Er sagt z. B.: *Ich habe … (einen modernen Laptop), aber ich brauche/möchte … (eine neue Maus).*
3. KT, die/der die Zeichnung mit der Maus hat, meldet sich und sagt: *Ich habe eine neue Maus, aber ich brauche/möchte ein großes Wörterbuch.*
4. Das Spiel geht so lange, bis alle Gegenstände ausgetauscht worden sind. Die Kartenkette ist so gemacht, dass man nach den ersten acht Karten mit dem Spiel aufhören kann.

A18 Hier werden Gebäude in einer Stadt kurz vorgestellt und beschrieben, s. Anweisungen im Buch. KT können im Netz nach Fotos von einigen vorgestellten Gebäuden in ihrer Heimatstadt suchen und diese vorstellen.

Arbeitsblatt 6: Wo kann ich hier …?

Wortschatz: Gebäude, einfache Tätigkeiten
Grammatik: Konjugation von *können*, Satzbau mit Modalverb

1. KL teilt die Arbeitsblätter aus: KT 1 hat Arbeitsblatt A, KT 2 Arbeitsblatt B.
   KT müssen in dieser Stadt verschiedene Sachen erledigen.
2. KT spielen anhand der Vorgaben kurze Dialoge: KT 1 stellt ihre/seine Fragen und KT 2 nennt das passende Gebäude. Danach werden die Rollen getauscht.
3. Die Antworten werden im Plenum besprochen.

A19 Phonetik *(ü)*: s. Anweisungen im Buch

A20–21 Kurze Diskussion im Plenum:
Wenn KL weiß, dass KT Deutschland ein wenig kennen, kann sie/er im Plenum folgende Frage stellen: *Kennen Sie Sehenswürdigkeiten in München?* KT beantworten die Frage kurz, dann schreibt KL die Namen der vier Sehenswürdigkeiten aus A20 und einige Stichwörter dazu an die Tafel. KT raten, welches Stichwort zu welcher Sehenswürdigkeit gehören könnte. Auf diese Weise machen KT sich schon vor dem Lesen und Hören der vier Texte mit den meisten Wörtern vertraut.

Zum weiteren Arbeitsvorgang: s. Anweisungen im Buch

Übungen: C7, C11–12, C14–15

A22–26 Die bereits in A21 eingeführten Zeitangaben (Präpositionen und Adverbien) werden in der Übersicht A22 aufgeführt.
In den Folgeaufgaben werden sowohl die temporalen Angaben als auch der Wortschatz zum Thema *Sehenswürdigkeiten* vertieft.

Ergänzendes Rollenspiel zu A26 (im Plenum):
KL bittet KT 1, in einem der Museen Eintrittskarten für die ganze Gruppe/die Familie/fünf Senioren usw. zu kaufen. KT 2 gibt die Informationen (möglichst ohne Vorbereitungszeit).

Grammatikübersicht und Übungen: C18–20

Arbeitsblatt 7: Ein Besuch in Berlin

Wortschatz: Sehenswürdigkeiten, Öffnungszeiten
Grammatik: Satzbau mit und ohne Modalverb, temporale Präpositionen

1. Aufgabe 1: KT diskutieren in Zweiergruppen und wählen zwei Sehenswürdigkeiten aus, die sie zusammen besuchen möchten. Die Entscheidungen werden im Plenum vorgestellt und kurz begründet.
2. Aufgabe 2: Im Plenum werden vier Dialoge am Museumseingang gespielt (möglichst ohne Vorbereitungszeit).

A27–29 In A27 lesen KT eine informelle E-Mail. KT lesen die Mail zuerst alleine, dann lässt KL die Mail von zwei bis drei KT laut lesen. KL kann die Frage stellen: *Was macht Peter heute Abend?* KT beantworten die Frage. Dann kann KL auf die aufgelisteten Zeitangaben verweisen.
In A28 müssen KT selbst eine E-Mail verfassen. Diese Übung entspricht einer Aufgabe in der Prüfung *Goethe-Zertifikat A1: Start Deutsch 1.*
Zur Beschreibung dieses Prüfungselements s. S. 226 im Lehrbuch.

Arbeitsblatt 8: Das Wochenendprogramm

Wortschatz: Tätigkeiten
Grammatik: Satzbau mit und ohne Modalverb, temporale Präpositionen

1. KT arbeiten in Kleingruppen. Jede Kleingruppe wählt eine oder mehrere Personen aus und erstellt mithilfe der Wortvorgaben ihr Tagesprogramm für Samstag.
2. Die Programme werden im Plenum vorgestellt.
3. Anschließend wird in Kleingruppen oder im Plenum das eigene Wochenendprogramm diskutiert. (Wenn das in Kleingruppen geschieht, dann werden die interessantesten Informationen im Plenum vorgestellt.)

Arbeitsblatt 9: Satzbautraining

Lernziel: Wortschatz und Grammatik des Kapitels vertiefen

1. KT bilden Zweiergruppen: KT 1 bekommt Arbeitsblatt A, KT 2 Arbeitsblatt B. Aus dem ursprünglichen Satz werden mithilfe der Vorgaben neue Sätze gebildet.
2. In Teil A bildet KT 2 Sätze, KT 1 kontrolliert und korrigiert sie/ihn.
3. In Teil B werden die Rollen getauscht.

Arbeitsblatt 10: Grammatik- und Wortschatztraining

Grammatik- und Wortschatzübungen zu den Artikeln im Nominativ und Akkusativ (nach A15 jederzeit einsetzbar)

Arbeitsblatt 11: Wiederholungstest

Der Test gibt KT Gelegenheit, sich zu überprüfen und eventuelle Fragen zu klären.

Arbeitsblatt 12: Prüfungsvorbereitung *Goethe-Zertifikat A1: Start Deutsch 1*

Zusammenfassende Übung und Vorbereitung auf die Prüfung *Goethe-Zertifikat A1: Start Deutsch 1.* Im Prüfungsteil *Lesen Teil 2* müssen die Kandidaten anhand der Vorgaben den richtigen von zwei Kurztexten auswählen. Im Prüfungsteil *Lesen Teil 3* müssen sie über Aussagen zu Mitteilungen entscheiden, ob sie richtig oder falsch sind.
Zur Beschreibung dieses Prüfungselements s. S. 224–225 im Lehrbuch.

B1 *fakultativ*
KT diskutieren in Kleingruppen und ergänzen die Statistik.

B2 *fakultativ*
s. Anweisungen im Buch

Weiterführende Übung:
KT können auch die deutschen Städte kurz beschreiben, in denen sie schon einmal waren.

B3 *fakultativ*
Himmelsrichtungen: s. Anweisungen im Buch

B4–6 *fakultativ*
Kurztext über München und über die Heimatstadt berichten: s. Anweisungen im Buch
KL kann KT bitten, den Bericht über die Heimatstadt mit Fotos zu illustrieren. In besonders motivierten Gruppen oder in Gruppen, deren Muttersprache mit dem Deutschen nah verwandt ist (z. B. Niederländisch, Schwedisch), kann KL KT bitten, nach deutschsprachigen Internetseiten über die Heimatstadt zu suchen.

D s. Hinweise S. 5

4 Essen und Trinken

Im Phonetikteil dieses Kapitels wird die Aussprache von *au, eu, äu* und *ä* geübt. Bei der Korrektur sollte KL auf diese Aspekte besonders achten.

Einführung des Themas, Aktivierung der Vorkenntnisse

Zur Einführung des Themas kann KL folgende Frage stellen: *Was macht man in einem Hotel?* KT erstellen dazu eine Liste, auf der wohl die Verben *essen* und *trinken* stehen werden.
Danach kann KL folgende Frage stellen: *Was isst man, was trinkt man?* und dazu die folgenden, teilweise internationalen Wörter an die Tafel schreiben (evtl. nach Artikeln geordnet) und vorsprechen: *der Tee – das Brötchen – die Schokolade – der Apfel – die Butter – die Salami – die Banane – der Kaffee – der Joghurt – der Orangensaft.*

A1–4
1. Dialog A1: Die Namen der Lebensmittel bleiben an der Tafel, KL fügt eventuell noch die Wörter *Brot, Käse, Schinken* hinzu und erklärt ihre Bedeutung. KT haben die Aufgabe festzustellen, welche von den an der Tafel stehenden Wörter sie in A1 gehört haben.
2. Der Dialog wird bei geschlossenem Buch zweimal vorgespielt.
3. Der Text wird gelesen, KL erklärt die unbekannten Wörter.

Zum weiteren Arbeitsvorgang (A2–4): s. Anweisungen im Buch

Übung zur Konjugation: C7

Arbeitsblatt 1: Frühstück im Hotel (Lückentext)

Wortschatz: Wortschatz von A1
Grammatik: Konjugation

Der Lückentext dient der Vertiefung der unregelmäßigen Konjugation. KT ergänzen den Text und kontrollieren ihre Antworten mit dem Hörtext oder dem Buch.

A5–6 KT hören den Text in A5 zunächst einmal bei geschlossenem Buch. Bevor KT den Text ein zweites Mal hören, schreibt KL folgende Rubriken an die Tafel: *englisches/amerikanisches Frühstück – deutsches Frühstück.*
KT ordnen beim zweiten Hören den beiden Frühstücksarten einige genannte Wörter zu.
Danach wird der Text gelesen, unbekannte Wörter werden erklärt.
Nach der Textarbeit in A6 können KT die Frage *Was essen Sie in einem Hotel zum Frühstück?* im Plenum oder Kleingruppen diskutieren.

A7 Phonetik (Diphthonge): s. Anweisungen im Buch

A8–9 KL liest zuerst die Adjektive im Kästchen A8 laut vor, KT wiederholen die Adjektive. Danach verdeutlicht KL die Funktion der Adjektivendung: *Adjektive, vor denen kein Artikel steht, übernehmen die Funktion des fehlenden Artikels und weisen mithilfe der Endung auf Genus und Kasus des nachfolgenden Nomens hin.*
In A9 wenden KT die Nomengruppen in einem konkreten Kontext an.

Grammatikübersicht und Übungen: C1–2

A10 KT hören die Vorgaben und ordnen sie in Kleingruppenarbeit den Zeichnungen zu. Danach vergleichen die Gruppen ihre Ergebnisse miteinander.

A11 KT füllen die Tabelle aus.
Danach können einige Grundregeln zur Pluralbildung formuliert werden, z. B.: feminine Nomen + *-n* (maskuline oder neutrale Nomen bekommen diese Endung selten), Fremdwörter auf *-o* + *-s*, nach *-er* meistens keine Endung.

Grammatikübersicht und Übungen: C3–4

A12–13 Übungen zu Maß- und Mengenangaben: s. Anweisungen im Buch

Arbeitsblatt 2: Maß- und Mengenangaben

Wortschatz: Maß- und Mengenangaben, Lebensmittel
Grammatik: kein besonderer Schwerpunkt

1. Jede/Jeder KT erhält eine Karte. Auf jeder Karte steht entweder der Anfang oder das Ende einer Maß- oder Mengenangabe.
2. KT stehen auf, vergleichen ihre Karten und suchen nach der passenden Kartenhälfte.
3. Die Ausdrücke werden im Plenum vorgelesen.
4. KT, deren Kärtchen zusammengehören, bilden eine Zweiergruppe für A14.

A14 KT beantworten einige Fragen im Plenum und diskutieren dann in Zweiergruppen.
Die interessantesten Informationen aus 14b werden im Plenum wiedergegeben.

Grammatikübersicht und Übungen: C5–6

Arbeitsblatt 3: Mögen Sie …?/Magst du …?

Wortschatz: Wiederholung zum Thema *Freizeit*
Grammatik: Konjugation von *mögen*

1. KL spricht die Redemittel auf dem Arbeitsblatt vor und erklärt die Bedeutung der kurzen Antworten (s. Arbeitsblatt).
2. KT diskutieren mithilfe der Redemittel in Zweiergruppen.
3. Die interessantesten Informationen werden im Plenum vorgestellt.

A15–16
1. KL kündigt zunächst das Thema der nächsten zwei Seiten an (Obst und Gemüse, Rezepte, Einkaufsgespräche).
2. Der Dialog in A15 wird zweimal gehört, die Aufgabe wird in Einzelarbeit gelöst. Die Ergebnispräsentation erfolgt im Plenum.
3. In A16 kauft jede Kleingruppe für einen anderen Anlass ein. Die Dialoge werden kurz eingeübt und im Plenum vorgestellt.

Arbeitsblatt 4: Im Lebensmittelgeschäft

Wortschatz: Lebensmittel, Preise, Maßangaben
Grammatik: Fragesätze, Aussagesätze

1. KT arbeiten in Zweiergruppen: KT 1 hat Arbeitsblatt A, KT 2 Arbeitsblatt B.
2. Aufgabe 1: KT 1 ist Kundin/Kunde in einem Lebensmittelgeschäft, KT 2 ist Verkäuferin/Verkäufer. KT 1 möchte bestimmte Artikel kaufen (s. Einkaufsliste auf Arbeitsblatt A). Da es von jedem Artikel zwei Sorten im Angebot gibt, möchte sie/er sich zuerst über den Preis und die Besonderheiten jedes Artikels informieren.
3. KT spielen in Zweiergruppen Dialoge, KT 1 ergänzt die fehlenden Informationen. Die Informationen werden im Plenum besprochen.
4. Aufgabe 2: KT üben kurze Einkaufsdialoge ein, einige davon (oder alle) werden im Plenum vorgestellt.

A17–18 Lieblingsfrüchte: s. Anweisungen im Buch
KT können eine Rangliste für ihr Heimatland oder ihre eigene Rangliste erstellen.

Arbeitsblatt 5: Was kostet das?

Wortschatz: Obstnamen, Zahlen, Vermutungen ausdrücken
Grammatik: Fragesätze, Aussagesätze

1. Das ist ein Kombinationsspiel: Wir möchten die Preise der Früchte wissen.
2. Aufgabe 1 wird im Plenum gelöst.
3. Aufgabe 2: KT diskutieren mithilfe der Vorgaben in Kleingruppen und rechnen den Preis der Früchte aus.
4. Die Lösungen werden im Plenum besprochen.

A19 KL stellt z. B. folgende Fragen im Plenum: *Essen Sie gern Obstsalat? Aus welchen Früchten machen Sie Obstsalat? Was braucht man noch dazu (außer Obst)?*
Danach wird das Rezept gelesen.

A20–22 KT formulieren die Regeln zur Bildung des Imperativs und lösen dann die Aufgaben.

Zum genauen Arbeitsvorgang: s. Anweisungen im Buch

Grammatikübersicht und Übung: C10

Arbeitsblatt 6: Salatrezepte

Wortschatz: Kochrezepte, Gemüsesorten
Grammatik: Imperativ

1. KT arbeiten in Zweiergruppen: KT 1 bekommt Arbeitsblatt A, KT 2 Arbeitsblatt B. Auf jedem Arbeitsblatt steht ein anderes Salatrezept, das dem Gesprächspartner erklärt werden muss.
2. KT diskutieren miteinander und notieren sich das Rezept des Gesprächspartners.

Arbeitsblatt 7: Essen und Trinken in Deutschland (Textrekonstruktion)

Wortschatz: Essgewohnheiten, Meinungsäußerung, Wortschatz von A23
Grammatik: kein besonderer Schwerpunkt

1. Der Text auf dem Arbeitsblatt entspricht dem Text in A23 (Esskultur in Deutschland), er enthält jedoch einige Lücken. Die Aufgabe ist, die Informationen zu ergänzen. KT diskutieren mithilfe der vorgegebenen Redemittel und ergänzen den Text.
2. Die Lösungen werden mit dem Text von A23 verglichen. Eventuelle Fragen werden geklärt. KL kann KT vor dem Beginn der Dialogarbeit ggf. darauf hinweisen, dass es hier nicht darum geht, die Informationen fehlerfrei zu ergänzen, sondern vor allem darum, dass der Wortschatz des Kapitels bzw. einige Redemittel zur Meinungsäußerung eingeprägt werden.

A23–25 Text über Essgewohnheiten in Deutschland: s. Anweisungen im Buch

KT können A25 zu Hause vorbereiten und über die Essgewohnheiten im Heimatland in einem kurzen Vortrag berichten.

Übung: C8

A26 Phonetik *(ä)*: s. Anweisungen im Buch

A27–28 KL liest die Speisekarte in A27 vor oder lässt Teile davon vorlesen. Unbekannte Wörter werden geklärt, die Artikel gibt KL vor. Danach arbeiten KT in Zweiergruppen und formulieren Bestellungen. Zum Schluss findet eine Präsentation im Plenum statt: *Meine Nachbarin/Mein Nachbar nimmt …* (In lernstarken Gruppen kann auch eine Speisekarte aus dem Internet heruntergeladen werden, vielleicht von einem bekannten Restaurant in Deutschland, Österreich oder der Schweiz.)
Die Beispielsätze in A28 werden zunächst laut gelesen. KL macht auf den Akkusativ des Personalpronomens in Beispielsatz 3 aufmerksam und erläutert die neue Struktur anhand der Tabelle. Danach spielen KT die Dialoge.

Grammatikübersicht und Übungen: C13–14

A29–30 KL stellt im Plenum z. B. folgende Fragen: *Gehen Sie oft ins Restaurant? Was für Restaurants/Speisen mögen Sie?*

Zum weiteren Arbeitsvorgang: s. Anweisungen im Buch.

Arbeitsblatt 8: Im Restaurant (Rollenspiel)

Wortschatz: Redemittel im Restaurant
Grammatik: Satzbau

1. Aufgabe 1: KT arbeiten in Zweiergruppen und bereiten einen Dialog vor. Die Dialoge werden im Plenum vorgestellt. Die Aufgabe kann auch so ausgeführt werden, dass KT nur die Ausdrücke zu ihrer eigenen Rolle sehen.
2. Aufgabe 2: Jede Zweiergruppe wählt eine andere Situation und übt einen zweiten, kürzeren Dialog ein. Die Bestellung kann diesmal sehr einfach sein: z. B. Kaffee und Obstkuchen, eine Tomatensuppe usw. (möglichst ohne Vorbereitungszeit). Die Dialoge werden im Plenum vorgestellt.

A31–32 Überleitung: KL stellt im Plenum z. B. folgende Frage: *Waren Sie auch schon in Italien/Japan?* (Viele Ländernamen können hier wiederholt werden.)

Zum weiteren Arbeitsvorgang: s. Anweisungen im Buch.

Grammatikübersicht und Übungen: C11–12

Arbeitsblatt 9: Satzbautraining

Lernziel: Wortschatz und Grammatik des Kapitels vertiefen

1. KT bilden Zweiergruppen: KT 1 bekommt Arbeitsblatt A, KT 2 Arbeitsblatt B. Aus dem ursprünglichen Satz werden mithilfe der Vorgaben neue Sätze gebildet.
2. In Teil A bildet KT 2 Sätze, KT 1 kontrolliert und korrigiert sie/ihn.
3. In Teil B werden die Rollen getauscht.

Arbeitsblatt 10: Grammatik- und Wortschatztraining

Grammatik- und Wortschatzübungen zur Konjugation der regelmäßigen und unregelmäßigen Verben und des Präteritums von *sein* und *haben* (am besten am Kapitelende einsetzen)

Arbeitsblatt 11: Wiederholungstest

Der Test gibt KT Gelegenheit, sich zu überprüfen und eventuelle Fragen zu klären.

Arbeitsblatt 12: Prüfungsvorbereitung *Goethe-Zertifikat A1: Start Deutsch 1*

Zusammenfassende Übung und Vorbereitung auf die Prüfung *Goethe-Zertifikat A1: Start Deutsch 1.*
Die Kandidaten müssen im Prüfungsteil *Sprechen Teil 2* eine beliebige Frage zu dem auf ihrer Karte vorgegebenen Wort stellen.
Zur Beschreibung dieses Prüfungselements s. S. 227 im Lehrbuch.

B1 *fakultativ*
KT beantworten die Quizfragen in Kleingruppen, dann werden die Lösungen im Plenum kontrolliert. (s. auch Kapitel 1, B2)

Mögliche Hausaufgabe:
KT suchen im Internet nach zusätzlichen Informationen, z. B. *Wann genau gründete man das erste Kaffeehaus? Was war der erste Hamburger? Woher kommt dieser Name?* o. ä. Dies ist allerdings nur in Gruppen sinnvoll, deren Muttersprache mit dem Deutschen verwandt ist, sonst ist der Aufwand größer als der eigentliche Lerneffekt.

B2–4 *fakultativ*
s. Anweisungen im Buch

D s. Hinweise S. 5

5 Alltag

Im Phonetikteil dieses Kapitels werden der Wortakzent sowie die Aussprache von *st* geübt. Bei der Korrektur sollte KL auf diese Aspekte besonders achten.

Einführung des Themas, Aktivierung der Vorkenntnisse

1. KT arbeiten in Kleingruppen. Jede Gruppe bekommt ein Bild von der Einstiegsseite (S.109) und beantwortet z. B. folgende Fragen: *Wer ist/sind die Person/en auf dem Foto (Name, Alter, Herkunftsland, Beruf, Hobby)? Was tun sie gerade/in der Arbeitszeit? Was tun sie nach der Arbeitszeit? Was essen sie zu Mittag?*
2. Die Kleingruppen bereiten die Personenbeschreibung vor und stellen dann die Person/en auf dem Foto im Plenum vor.

A1–2
1. Der Text in A1 wird zunächst gehört, dann von verschiedenen KT laut gelesen.
2. A2 dient zunächst zur Vertiefung des Wortschatzes, gleichzeitig werden die Verben mit trennbaren und nicht trennbaren Präfixen eingeführt. Dazu kann KL zunächst zwei Sätze an die Tafel schreiben: *aufstehen – Martin steht auf./fahren – Martin fährt zur Arbeit.* KL markiert die Verben und fragt, was die Unterschiede sind. KL erläutert kurz die Trennung des Präfixes bei *aufstehen*. Danach suchen KT weitere Beispiele für trennbare Verben in A1.
In einem zweiten Schritt schreibt KL den folgenden Satz an die Tafel: *Martin vereinbart einen Termin.* Anschließend kann KL zur Tabelle überleiten, die die Verben mit Präfix systematisiert. KL weist darauf hin, dass die Präfixe bei trennbaren Verben eigenständige Wörter sind, die auch alleine stehen können. Die Ausnahme *übersetzen* wird gesondert aufgeführt.

Grammatikübersicht und Übungen: C1–2

Arbeitsblatt 1: Martins Tag

Wortschatz und Grammatik: flexibel, je nach Aufgabenstellung

Dieses Arbeitsblatt ist im Laufe des Kapitels jederzeit einsetzbar. (Aus den Bildern auf dem Arbeitsblatt kann man auch Kärtchen machen.)

KL kann zu jedem Bild eine andere Aufgabe stellen, z. B.:
Bild 1: die Verben *schlafen, im Bett sein, aufstehen* im Präsens konjugieren
Bild 2: über das eigene Frühstück berichten
Bild 3: einen sehr langen Satz zum Bild formulieren
Bild 4: Gegenstände auf dem Bild nennen
Bild 5: Fragen formulieren
Bild 6: Wörter sammeln zum Thema *Essen und Trinken*
Bild 7: ein kurzes Gespräch erfinden
Bild 8: einen Dialog im Supermarkt spielen
Bild 9: Blitzlicht: Was machen Sie in Ihrer Freizeit?/Sehen Sie oft fern? usw.

A3–5 s. Anweisungen im Buch

Mögliche Überleitung zur Uhrzeit:
KL fragt „spontan“: *Wie spät ist es? Wie viele Minuten haben wir noch? Wann müssen wir aufhören?* o. ä.

Arbeitsblatt 2: Wie spät ist es?

Wortschatz: Uhrzeiten
Grammatik: kein besonderer Schwerpunkt

1. KT ergänzen das Arbeitsblatt selbstständig.
2. Die Lösungen werden im Plenum (am einfachsten mit einem Beamer oder Smartboard) kontrolliert.

A6–8 Übungen zu Uhrzeit und Zeitdauer: s. Anweisungen im Buch

A9–10 Mögliche Einführung:
KT blättern zu A1 zurück, KL fragt: *Was muss Martin im Büro machen?* Dabei wird die Wendung *Martin muss …* an der Tafel vorgegeben. KT beantworten die Frage mit dem Wortschatz aus A1. Anschließend fragt KL: *Was müssen Sie im Büro machen?*
Jetzt gibt KL *Ich muss …* an der Tafel vor. KT sollten zur Festigung den Wortschatz aus A1 benutzen.
A9: Anschließend liest KL die Wendungen in A9 vor, KT bilden danach die Sätze.
A10: KL erklärt zuerst den Unterschied zwischen *sollen* und *müssen* (*müssen:* etwas ist notwendig; *sollen:* Tätigkeit im Auftrag (A10) oder auf Wunsch (A12) einer anderen Person). KL kann KT auf die Ähnlichkeiten in der Konjugation aller Modalverben aufmerksam machen (keine Endungen in 1. und 3. Person Singular). Anschließend wird A10 ergänzt.

Grammatikübersicht und Übungen: C3–4

A11–12 s. Anweisungen im Buch (Modalverben *sollen* und *müssen*)
A12: Diese Übung kann im Unterricht als Kettenspiel auch mündlich durchgeführt werden. KT 1 stellt Frage 1, KT 2 beantwortet sie und stellt die zweite Frage an KT 3. Als Hausaufgabe bilden KT schriftlich Sätze.

Arbeitsblatt 3: Welche Antwort passt?

Wortschatz: kein besonderer Schwerpunkt
Grammatik: trennbare Verben, Modalverben, Präteritum von *sein*

1. KT bilden Zweiergruppen: KT 1 hat Arbeitsblatt A, KT 2 hat Arbeitsblatt B. Auf den Arbeitsblättern stehen Fragen und jeweils zwei mögliche Antworten auf die Fragen der Gesprächspartnerin/des Gesprächspartners.
2. KT spielen anhand der Fragen und Antworten kurze Dialoge und schreiben diese auch auf.
3. Zum Schluss werden die zehn kurzen Dialoge noch einmal im Plenum gespielt.

A13–16 Einführung des Perfekts, Verben ohne Präfix

A13 KT lesen die Vorgaben abwechselnd laut vor. Danach bilden sie in Partnerarbeit Sätze. Die Übung bereitet den nachfolgenden Dialog vor.

A14 KT hören und lesen den Dialog in Teil a). In Teil b) wird der Dialog noch einmal in Partnerarbeit laut gelesen und in Teil c) werden die Verbformen des Perfekts unterstrichen. Es handelt sich zunächst um Verben ohne Präfix.

A15 KT erarbeiten in Partnerarbeit die Endungen der Partizipien im Perfekt.
Mit dem Hinweis auf die Präteritumsformen von *haben* und *sein* erklärt KL kurz die Verwendung der Vergangenheitsformen (Perfekt oft in der mündlichen Kommunikation, bei *haben* und *sein* bevorzugen wir auch mündlich das Präteritum).

A16 KT vertiefen in Partnerarbeit ihren Wortschatz und die Perfektformen.

Grammatikübersicht und Übungen: C5–12

Arbeitsblatt 4: Was hat Paula gemacht?

Wortschatz: Wortschatz von A14, Arbeitstätigkeiten
Grammatik: Perfekt

Alternativ oder zusätzlich zu A14b können KT mit dem Arbeitsblatt den Dialog wiederholen und damit den Wortschatz und das Grammatikthema festigen.
KT arbeiten zu zweit und ordnen zunächst die Verben zu. Danach finden sie gemeinsam die Partizipien in Aufgabe 2 und spielen den Dialog zweimal. Beim zweiten Mal tauschen sie die Rollen. Zum Schluss können die Lösungen von Aufgabe 1 mithilfe des Dialogs überprüft werden.

A17 Einführung des Perfekts, Verben mit Präfix und Verben auf *-ieren*
KT lesen in Teil a) in Partnerarbeit die Texte aus A1 und A17 und vergleichen die Verbformen. Die anschließende Übungs- und Analysephase in Teil b) und c) verdeutlicht die unterschiedlichen Formen der Partizipien in Bezug auf *ge-/-ge-*.

A18–19 Übungen zum Perfekt: s. Anweisungen im Buch

Arbeitsblatt 5: Wer hat gestern …?

Wortschatz: einfache Tätigkeiten
Grammatik: Perfekt, Präteritum von *sein*

1. KL teilt die Kärtchen aus: Jede/Jeder KT bekommt eins. Auf jeder Karte steht eine Frage, auf die die KT die Antwort von allen anderen KT erfahren möchten. (Alle Fragen muss man zuerst umformen, z. B.: *Wer hat heute nicht gefrühstückt?* → *Haben Sie/Hast du/Habt ihr heute Morgen gefrühstückt?*)
2. KT gehen im Kursraum herum, fragen einander und notieren die gesammelten Informationen, d. h., nur die Antworten auf die eigene Frage.
3. Das Spiel geht so lange, bis jede/jeder KT eine Antwort auf ihre/seine Frage erhalten hat. Die Informationen werden im Plenum kurz vorgestellt.

A20–21 Aufgabe zu Technik (A20) und Tätigkeiten am Computer (A21) in Partner- oder Kleingruppenarbeit mit Ergebnispräsentation durchführen lassen

Arbeitsblatt 6: Können Sie das?

Wortschatz: Computer und Internet
Grammatik: Frage- und Aussagesätze

1. KT diskutieren in Zweiergruppen. Mithilfe der vorgegebenen Redemittel stellen und beantworten sie Fragen über ihre Informatikkenntnisse. Die Antworten der Gesprächspartnerin/des Gesprächspartners werden auf das Arbeitsblatt geschrieben.
2. Die interessantesten Informationen werden im Plenum vorgestellt. Die Gruppe kann auch eine Kursstatistik mit den Ergebnissen der Umfrage erstellen.

A22 Phonetik *(Wortakzent)*: s. Anweisungen im Buch

A23 s. Anweisungen im Buch
Beim Vorlesen der Sätze sollten KT besonders auf den Wortakzent achten.

A24–25 Als Überleitung zum Thema *Termine vereinbaren* kann KL z. B. folgende Fragen stellen: *Hatten Sie schon einmal Probleme mit Ihrem Computer? Haben Sie das Problem selbst gelöst? Wenn nicht, wer hat Ihnen geholfen? Ist der Monteur sofort gekommen?* usw.

Zum weiteren Arbeitsvorgang: s. Anweisungen im Buch

Mögliches Wortschatztraining (nach A25):
KL bittet KT, die wichtigsten Inhaltspunkte des Dialogs zu notieren. Danach wird das Buch geschlossen. KT sagen der Reihe nach einen Satz und spielen auf diese Weise den Dialog möglichst genau nach. KL achtet darauf, dass alle wichtigen Informationen gesagt werden.

A26–27 Übungen zu Tagen und Monaten: s. Anweisungen im Buch

Übung: C13

Arbeitsblatt 7: Wann lernen wir Deutsch?

Wortschatz: Termin vereinbaren, Datum, Uhrzeit
Grammatik: Satzbau, Konjugation mit und ohne Modalverb

1. KT arbeiten in Zweiergruppen: Arbeitsblatt A ist der Terminkalender von KT 1, Arbeitsblatt B gehört KT 2. KT 1 und KT 2 möchten zusammen Deutsch lernen und wollen einen Termin vereinbaren.
2. Aufgabe 1 wird im Plenum gelöst.
3. Aufgabe 2: KT diskutieren mithilfe der Redemittel und finden einen Tag und eine Uhrzeit, die ihnen beiden passt.
4. Ein oder mehrere Dialoge werden im Plenum vorgestellt, danach sagen alle KT, wann sie sich treffen.

Lernstarke Gruppen (oder die besten KT in der Gruppe) können zur Lösung von Aufgabe 2 ihren eigenen Terminkalender benutzen.

A28 Phonetik *(st-)*: s. Anweisungen im Buch

A29–31 Rollenspiel: Einen Termin vereinbaren: s. Anweisungen

A31a: In der Prüfung *Goethe-Zertifikat A1: Start Deutsch 1* müssen die Kandidaten im Prüfungsteil *Lesen, Teil 2* anhand der Vorgaben die passende Website finden. Zur Beschreibung dieses Prüfungselements s. S. 224 im Lehrbuch.

A32b:
1. KT arbeiten in Zweiergruppen, jede Gruppe bereitet ein Gespräch vor. (Einige Informationen müssen die Kleingruppen frei erfinden.)
2. Die vier Gespräche werden im Plenum durchgeführt und ggf. korrigiert.

Arbeitsblatt 8: Situationen

Wortschatz: Termin vereinbaren, Datum, Uhrzeit
Grammatik: Satzbau, Konjugation

1. KT arbeiten in Zweiergruppen, KT 1 mit Karte 1a arbeitet mit KT 2 mit Karte 1b usw. KT 1 hat ein Problem oder möchte etwas kaufen und erkundigt sich telefonisch in einem Geschäft (d. h. bei KT 2). Auf den Karten stehen die Rollenbeschreibungen und die nötigen Hinweise. (Jede/Jeder KT kennt also nur ihren/seinen Teil.)
2. KT üben kurze Dialoge ein, die anschließend im Plenum vorgestellt werden.

A32–33 Eine E-Mail an eine Kundin/einen Kunden oder eine Kollegin/einen Kollegen schreiben: s. Anweisungen im Buch

A32: In der Prüfung *Goethe-Zertifikat A1: Start Deutsch 1* müssen die Kandidaten im Prüfungsteil *Schreiben, Teil 2* eine ähnliche E-Mail schreiben. Zur Beschreibung dieses Prüfungselements s. S. 226 im Lehrbuch.

A34 Diese Übung dient der schriftlichen Wiederholung von Wortschatz und Grammatik des Kapitels (über den Arbeitstag berichten).
KL kann KT bitten, über ihren Tag in der nächsten Unterrichtsstunde auch mündlich zu berichten.

Arbeitsblatt 9: Satzbautraining

Lernziel: Wortschatz und Grammatik des Kapitels vertiefen

1. KT bilden Zweiergruppen: KT 1 bekommt Arbeitsblatt A, KT 2 Arbeitsblatt B. Aus dem ursprünglichen Satz werden mithilfe der Vorgaben neue Sätze gebildet.
2. In Teil A bildet KT 2 Sätze, KT 1 kontrolliert und korrigiert sie/ihn.
3. In Teil B werden die Rollen getauscht.

Arbeitsblatt 10: Grammatik- und Wortschatztraining

Grammatik- und Wortschatzübungen zur Konjugation im Perfekt (nach A16 jederzeit einsetzbar)

Arbeitsblatt 11: Wiederholungstest

Der Test gibt KT Gelegenheit, sich zu überprüfen und eventuelle Fragen zu klären.

Arbeitsblatt 12: Prüfungsvorbereitung *Goethe-Zertifikat A1: Start Deutsch 1*

Zusammenfassende Übung und Vorbereitung auf die Prüfung *Goethe-Zertifikat A1: Start Deutsch 1*. Im Prüfungsteil *Lesen Teil 1* lesen die Kandidaten eine oder zwei kurze E-Mails und müssen dann entscheiden, ob die dazugehörenden Aussagen richtig oder falsch sind. Im Prüfungsteil *Lesen Teil 2* müssen sie anhand der Vorgaben die passende Website finden. Zur Beschreibung dieser Prüfungselemente s. S. 223–225 im Lehrbuch.

B1–5 *fakultativ*
Nach der Arbeitszeit: Mediennutzung und Fernsehen: s. Anweisungen im Buch

D s. Hinweise S. 5

6 Reisen

Im Phonetikteil dieses Kapitels wird die Aussprache von *ch* geübt. Bei der Korrektur sollte KL auf diesen Aspekt besonders achten.

Einführung des Themas, Aktivierung der Vorkenntnisse

Zu Beginn des Kapitels empfiehlt es sich, mithilfe von Fragen wie: *Wie war Ihr Tag (gestern)?* Oder: *Hatten Sie einen schönen Tag?* den Wortschatz aus Kapitel 5 zu wiederholen. KL kann danach selbst etwas erzählen und den Bericht verbinden mit Aussagen wie: *Gestern war ein wunderschöner Tag. Es war warm und sonnig.* Oder: *Gestern war es kalt und stürmisch.* Die neuen Wendungen schreibt KL an die Tafel.

A1 Übungen zu Jahreszeiten: s. Anweisungen im Buch

Grammatikübersicht und Übungen: C1–2

A2 Nomen aus Adjektiven bilden: s. Anweisungen im Buch

KL und KT können einige Regeln zur Artikelbestimmung formulieren (*e*-Endung: feminin, z. B. *die Wärme, die Kälte*; Jahreszeiten: maskulin, z. B. *der Sommer, der Winter*, s. auch Arbeitsblatt 2).

A3–4 Übungen zur Wettervorhersage, Wiederholung der Monate: s. Anweisungen im Buch

Arbeitsblatt 1: Wie ist das Wetter in …?

Wortschatz: Wetter, Wettervorhersage
Grammatik: kein besonderer Schwerpunkt

1. KT arbeiten in Zweiergruppen: KT 1 bekommt Arbeitsblatt A und KT 2 Arbeitsblatt B. Auf beiden Arbeitsblättern stehen Informationen über das Wetter in verschiedenen Städten.
2. KT stellen sich gegenseitig Fragen und ergänzen die fehlenden Informationen.
3. Die Antworten werden im Plenum kurz besprochen.
4. KL kann KT bitten, die Länder zu nennen, in denen sich die Städte befinden.

Mögliche Hausaufgabe:
KT informieren sich z. B. auf der Homepage des Deutschen Wetterdienstes über das Wetter in Deutschland/im Heimatland.

Mögliche Übung nach A11:
KT nennen Gegenstände und Kleidungsstücke, die sie anhand der Informationen auf dem Arbeitsblatt auf eine Reise in eine der Städte mitnehmen würden.

A5 Übung zum Modalverb *wollen*

Grammatikübersicht und Übung: C3

Arbeitsblatt 2: Artikel und Nomen

Wortschatz: Wetter, Zeitangaben
Grammatik: Regeln zur Artikelbestimmung

Dieses Arbeitsblatt ordnet die Wörter zu den Themen *Wetter und Zeit* nach Artikeln. KT füllen das Arbeitsblatt aus, die Lösungen werden im Plenum kontrolliert.

A6
1. KL erklärt kurz die Aufgabe und liest die Redemittel zur Äußerung einer Vermutung vor. Danach bildet sie/er einen Beispielsatz, z. B.: *Ich glaube, das beliebteste Reiseziel ist Italien.* Die Lokalangaben sind bei den vorgegebenen Redemitteln alle im Nominativ.
2. KT diskutieren in Kleingruppen, die Lösungen werden im Plenum kontrolliert.
3. KL bittet KT, ähnliche Vermutungen über ihre Heimatländer zu formulieren.
4. Als Übergang zum Grammatikthema kann KL jetzt einen Satz mit einer Lokalangabe an die Tafel schreiben, z. B.: *Die Deutschen reisen sehr gerne nach Italien und in die Türkei.*

A7–8 KL und KT formulieren die Grundregeln für die Bedeutung der lokalen Präpositionen.

Zum weiteren Arbeitsvorgang: s. Anweisungen im Buch

Grammatikübersicht und Übungen: C17

A9 KT können einzeln oder in Kleingruppen den Traumurlaub auswählen.

Variante:
Jede Kleingruppe macht für einen Urlaubstyp Werbung, indem sie diesen möglichst ausführlich beschreibt und die Vorteile betont.

A10 Diese Aufgabe kann mit Arbeitsblatt 3 kombiniert werden, da auf dem Arbeitsblatt mehr Wörter illustriert sind als im Buch und die Aufgabenstellung ähnlich ist.

Zum genauen Arbeitsvorgang: s. Anweisungen im Buch oder auf Arbeitsblatt 3

Mögliche weiterführende Übung: Ich packe meinen Koffer (Kettenspiel)
KL beginnt das Spiel, indem sie/er sagt: *Ich packe meinen Koffer, ich nehme meinen Pass mit.* KT 2 wiederholt den Satz und fügt den Namen eines weiteren Gegenstandes oder Kleidungsstückes hinzu: *Ich packe meinen Koffer, ich nehme meinen Pass und einen Pullover mit* usw. Das Spiel geht (mindestens) so lange, bis jede/jeder KT einen Gegenstand in den Koffer gepackt hat.

Arbeitsblatt 3: Was nehmen Sie in den Urlaub mit?

Wortschatz: Kleidungsstücke und Gegenstände
Grammatik: Akkusativ, Konjunktion *denn*, trennbares Verb *mitnehmen*

1. Aufgabe 1 wird im Plenum gelöst.
2. Aufgabe 2: KT diskutieren in Kleingruppen. KL sollte KT dazu anregen, in ganzen Sätzen Fragen zu stellen und diese ebenfalls in ganzen Sätzen zu beantworten. (Die Akkusativendungen können vor dem Beginn der Dialogarbeit wiederholt werden, wenn es erforderlich ist.)
3. Die interessantesten Informationen werden im Plenum vorgestellt.

A11 Nach der Lösung der Aufgabe formulieren KL und KT die Regeln zur Bildung des Imperativs, ohne auf die nach der Übung stehende Tabelle zu schauen: Bei informellen Aufforderungen werden das Personalpronomen und die Endung weggelassen. Siehe auch Hinweise zu Arbeitsblatt 4.

Grammatikübersicht und Übungen: C4–5

Arbeitsblatt 4: Was kann man tun?

Wortschatz: kein besonderer Schwerpunkt
Grammatik: Imperativ

1. Jede/Jeder KT erhält eine oder mehrere Karten. Auf jeder Karte stehen ein Problem und die Lösung für ein anderes Problem.
2. KT 1 beginnt das Spiel, indem sie/er das Problem nennt, z. B.: *Ich möchte gesund leben. Was soll ich tun?*
3. KT mit der Lösung auf ihrer/seiner Karte meldet sich und gibt eine Anweisung im Imperativ, z. B.: *Iss/Essen Sie viel frisches Gemüse!*
4. Danach liest sie/er das Problem auf ihrer/seiner Karte vor und bittet um Hilfe. Das Spiel geht so lange, bis jede/jeder KT eine Lösung für sein Problem bekommen hat.

Die Karten sind so gemacht, dass man nach Situation 8 mit dem Spiel aufhören kann.

Mögliche weiterführende Übung (Diskussion im Plenum):
KL stellt einige Fragen über das Sprachenlernen, z. B.: *Ich möchte besser Englisch sprechen. Mein Freund möchte schnell Deutsch lernen. Was soll ich/er tun?* KT geben Lerntipps im Imperativ.

A12 Hörtext: Vor dem Urlaub: s. Anweisungen im Buch

Arbeitsblatt 5: Vor dem Urlaub (Lückentext)

Wortschatz: Kleidungsstücke, Koffer packen
Grammatik: Verben

1. KT lesen den Dialog aus Aufgabe 12 und ergänzen in Partnerarbeit die Verben in der richtigen Form.
2. Die Zweiergruppen vergleichen ihre Ergebnisse mit anderen KT und besprechen eventuell auftretende Fragen untereinander.
3. KL spielt den Dialog zur Kontrolle vor.

Arbeitsblatt 6: Urlaub in Italien

Wortschatz: Sehenswürdigkeiten, Kleidungsstücke
Grammatik: Perfekt und Präsens, Konjunktionen *aber* und *denn*

1. Aufgabe 1 wird im Plenum gelöst.
2. Aufgabe 2 (KT arbeiten in Zweiergruppen): KT 1 bekommt Arbeitsblatt A und KT 2 Arbeitsblatt B. KT sprechen darüber, was Frau Müller vor und nach dem Urlaub erzählt hat. Sie vergleichen die beiden Geschichten und schreiben die Unterschiede auf.
3. Die Notizen werden im Plenum besprochen.

A13–16 In dieser Aufgabensequenz wird der Dativ der Personalpronomen eingeführt und alle Verben mit Dativergänzung für Niveau A1 werden in der Übersicht S. 148 aufgelistet.

Zum genauen Arbeitsvorgang: s. Anweisungen im Buch

Grammatikübersicht und Übungen: C6–8, C13, C16

A17 Bevor KL den Dialog vorspielt, kann sie/er folgende Fragen an die Tafel schreiben:
Was kauft Frau Berg? Welche Größe hat sie? Was kostet das Kleidungsstück? Wie zahlt sie?
KT hören den Dialog einmal bei geschlossenem Buch an und notieren die Antworten. Danach wird der Text bei offenem Buch ein zweites Mal vorgespielt. KL erklärt die unbekannten Wörter und spricht die Namen der Farben vor.

Mögliche weiterführende Übung:
Die Farben der eigenen Kleidungsstücke, Gegenstände im Kursraum können genannt werden.
(Evtl. als Wettbewerb: *Wer kann mehr Gegenstände, Kleidungsstücke nennen?* Nur Wörter mit dem richtigen Artikel werden angenommen!)

A18 (Rollenspiel) KT arbeiten in Zweiergruppen, jede Gruppe bereitet zwei kurze Dialoge zu zwei Kleidungsstücken vor.

Mögliche weiterführende Übung:
KT sehen ihre Gesprächspartnerin/ihren Gesprächspartner genau an und beschreiben dann mit geschlossenen Augen seine Kleidung. (Nur die Farben und die Kleidungsstücke sollten genannt werden, die Bezeichnungen für die Muster sollte man möglichst nicht einführen.)

A19 Durch gezielte Fragen sollten KT die Regel, dass die Demonstrativpronomen die Endungen der bestimmten Artikel bekommen, selbst formulieren. (s. Anweisungen im Buch)

Mögliche weiterführende Übung:
KT wählen einen Gegenstand im Kursraum aus und sagen darüber einen Satz, z. B.: *Dieser Stift ist blau/gehört mir. Ich mag diesen Stift.* Auf diese Weise werden die Bezeichnungen für verschiedene Gebrauchsgegenstände wiederholt.

A20 Phonetik *(ch)*: s. Anweisungen im Buch

A21–22 Informationen am Bahnhof: s. Anweisungen im Buch

Mögliche Hausaufgabe:

1. KT suchen auf der Homepage der Deutschen Bahn nach Zugverbindungen zwischen zwei deutschen Städten. (Zur Wahl der Städte können KT die Deutschlandkarte im Lehrbuch benutzen.)
2. KT berichten über die Suchergebnisse mündlich oder schriftlich.

Übung: C15

A23

1. KT lesen die Chatnachrichten zum Thema *Reisen*.
2. Danach gibt KL eine oder mehrere Situationen vor: *Der Zug nach München hat 30 Minuten Verspätung./Das Flugzeug nach Rom hat zwei Stunden Verspätung./In der Stadt gibt es einen großen Stau.* KT arbeiten zu zweit. Jeweils eine/ein KT verspätet sich, die/der andere KT wartet. KT schreiben mindestens eine Kurznachricht und beantworten diese.
3. Einige Kurznachrichten werden im Plenum präsentiert.

Arbeitsblatt 7: Wann fliegt mein Flugzeug?

Wortschatz: Uhrzeit
Grammatik: trennbare Verben *ankommen, abfliegen*
Wortfolge mit Zeit- und Ortsangaben, lokale und temporale Präpositionen

1. KL teilt die Kärtchen aus, jede/jeder KT kann mehrere Karten bekommen. Auf jeder Karte stehen folgende Informationen: Abflug-/Ankunftszeit und -ort eines Flugzeugs sowie Abflug-/Ankunftszeit und -ort eines anderen Flugzeugs.
2. KT 1 beginnt das Spiel, indem sie/er z. B. sagt, wenn Berlin–Stuttgart auf der Karte steht: *Ich möchte von Berlin nach Stuttgart reisen. Wann fliegt mein Flugzeug ab und wann kommt es in Stuttgart an?*
3. KT mit der Antwort auf ihrer/seiner Karte meldet sich und beantwortet die Frage, z. B.: *Das Flugzeug fliegt um 7.45 Uhr von Berlin ab und es kommt um 9.00 Uhr in Stuttgart an.*
4. Danach sagt KT 2, wohin sie/er reisen möchte, und bittet um Auskunft. Das Spiel geht so lange, bis alle KT ihre Abflug- und Ankunftszeiten wissen.
5. Anschließend kann KL die KT bitten, die Abflug- und Ankunftsländer zu nennen. Die Karten sind so gemacht, dass man nach Karte 8 mit dem Spiel aufhören kann.

Mögliche Hausaufgabe: KT informieren sich auf der Homepage von Fluggesellschaften, Reisebüros o. ä. über verschiedene Flüge (ins Heimatland, in eine deutsche/österreichische Stadt, ins Lieblingsland usw.) und berichten über die Suchergebnisse mündlich oder schriftlich.

A24–25
1. KT hören die Wörter in A24 und sprechen sie nach.
2. Danach werden die Beispielsätze laut gelesen und die Verwendung des Dativs nach der Präposition *mit* erklärt. (s. Übersicht)
3. KT beantworten Frage b) im Plenum. KL kann um eine kurze Begründung der Entscheidung für das gewählte Verkehrsmittel mit der Konjunktion *denn* bitten. *(Wie fahren Sie in den Urlaub?)*
4. Um die Diskussion zu erweitern, kann sie/er auch folgende Fragen stellen: *Womit sind Sie in Ihren letzten Urlaub gefahren? Reisen Sie gern mit diesem Verkehrsmittel?*
5. A25 wird im Plenum gelöst.

Grammatikübersicht und Übungen: C12, C14

A26–27 Wortschatzübungen rund um das Thema *Verkehr*: s. Anweisungen im Buch

A28 In der Prüfung *Goethe-Zertifikat A1: Start Deutsch 1* bekommen die Kandidaten im Prüfungsteil *Hören Teil 1* Mehrfachwahlaufgaben zu kurzen Gesprächen, im Prüfungsteil *Hören Teil 2* zu kurzen Mitteilungen und Durchsagen.
Zur Beschreibung s. S. 222 im Lehrbuch.

A29–30 Diese Aufgaben dienen der schriftlichen Wiederholung von Wortschatz und Grammatik des Kapitels.
A30: In der Prüfung *Goethe-Zertifikat A1: Start Deutsch 1 (Schreiben Teil 2)* müssen die Kandidaten anhand von vorgegebenen Stichpunkten eine kurze E-Mail schreiben. Zur Beschreibung s. S. 226 im Lehrbuch.

Grammatikübersicht und Übungen: C9–11

Arbeitsblatt 8: Der Urlaub von Georg

Wortschatz: Tätigkeiten im Urlaub, Reisen
Grammatik: Perfekt, lokale Präpositionen

1. Variante 1: KL teilt die Arbeitsblätter aus und sagt: *Georg war in Marseille im Urlaub. Die Zeichnungen zeigen, was er dort alles erlebt hat.* Die Geschichte wird im Plenum nacherzählt: KT 1 berichtet über Bild 1, KT 2 über Bild 2 usw.
2. Variante 2: Nur eine/ein KT hat das Arbeitsblatt mit der Geschichte. Die anderen stellen ihr/ihm Fragen und versuchen herauszufinden, was Georg im Urlaub gemacht hat.
3. In lernstarken Gruppen können KT die Geschichte fortsetzen.
4. Variante 3: KL macht aus den Bildern auf dem Arbeitsblatt Karten und teilt diese in der Gruppe aus. Jede/Jeder KT bekommt eine Karte und erzählt ihren/seinen Teil der Geschichte. Am Ende bekommt jede/jeder KT das Arbeitsblatt mit der vollständigen Geschichte. (Das ist spannender, aber ein wenig zeitaufwändiger als Variante 1, da KT nur einen kleinen Teil der Geschichte kennen.)

A31–32 Diese Aufgaben dienen der mündlichen Wiederholung von Wortschatz und Grammatik dieses Kapitels.

Arbeitsblatt 9: Satzbautraining

Lernziel: Wortschatz und Grammatik des Kapitels vertiefen

1. KT bilden Zweiergruppen: KT 1 bekommt Arbeitsblatt A, KT 2 Arbeitsblatt B.
   Aus dem ursprünglichen Satz werden mithilfe der Vorgaben neue Sätze gebildet.
2. In Teil A bildet KT 2 Sätze, KT 1 kontrolliert und korrigiert sie/ihn.
3. In Teil B werden die Rollen getauscht.

Arbeitsblatt 10: Grammatik- und Wortschatztraining

Grammatik- und Wortschatzübungen zum Imperativ (nach A11 jederzeit einsetzbar)

Arbeitsblatt 11: Wiederholungstest

Der Test gibt KT Gelegenheit, sich zu überprüfen und eventuelle Fragen zu klären.

Arbeitsblatt 12: Prüfungsvorbereitung *Goethe-Zertifikat A1: Start Deutsch 1*

Zusammenfassende Übung und Vorbereitung auf die Prüfung *Goethe-Zertifikat A1: Start Deutsch 1*.
Im Prüfungsteil *Schreiben Teil 1* müssen die Kandidaten ein Formular im Namen einer anderen Person ausfüllen.
Zur Beschreibung dieses Prüfungselements s. S. 226 im Lehrbuch.

B1–3 *fakultativ*
Urlaubsreise: Leider nein!/Was im Urlaub wichtig ist./Urlaubsländer im Vergleich.
s. Anweisungen im Buch

D s. Hinweise S. 5

7 Wohnen

Im Phonetikteil dieses Kapitels wird die Aussprache von *h* geübt. Bei der Korrektur sollte KL auf diesen Aspekt besonders achten.

Einführung des Themas, Aktivierung der Vorkenntnisse

Zur Einführung des neuen Themas kann KL z. B. folgende Fragen stellen:
In welcher Stadt/welchem Land haben Sie gern gewohnt? Wo hatten Sie ein schönes Haus/eine besonders schöne Wohnung? Wie lange haben Sie dort gewohnt? Wie war das Klima dort?

Als Wortschatzhilfe zu dieser Aufgabe kann KL folgende, teilweise internationale Wörter an die Tafel schreiben und vorsprechen: *der Garten – die Garage – der Balkon – die Küche – das Wohnzimmer – das Esszimmer – die Nachbarn*. Nach einigen Minuten Vorbereitungszeit beantworten KT die Fragen z. B. folgendermaßen: *Ich hatte ein schönes Haus in … (Bombay), denn ich hatte dort eine große Küche/ein helles Wohnzimmer/nette Nachbarn.*

A1 Vorstellung der Zimmer und Möbel: s. Anweisungen im Buch
Danach können KL und KT gemeinsam die Regeln für die Bildung zusammengesetzter Nomen mit einem Verb formulieren: *schlafen – Schlafzimmer, essen – Esszimmer, wohnen – Wohnzimmer, schreiben – Schreibtisch.*

Übung: C6

Arbeitsblatt 1: Zusammengesetzte Wörter

Wortschatz: Gegenstände im Haus
Grammatik: Nomenbildung aus Verben

Das Arbeitsblatt dient zur Vertiefung des Wortschatzes und der Bildung zusammengesetzter Nomen. Die KT arbeiten in Kleingruppen, die Ergebnisse werden im Plenum verglichen. (Erläutern Sie hier die Funktion des Dativs in den Sätzen nur auf ausdrückliche Nachfrage. Sie wird in diesem Kapitel später noch behandelt.)

A2–5 Übungen zu Wohnungen und ihre Lage beschreiben, eine Anzeige schreiben

Zum Arbeitsvorgang: s. Anweisungen im Buch

A6–7 Angaben zur Person, Fragen zur Wohnung: s. Anweisungen im Buch
In der Prüfung *Goethe-Zertifikat A1: Start Deutsch 1 (Schreiben Teil 1)* müssen die Kandidaten, wie in A6, ein Formular im Namen einer anderen Person ausfüllen. Zur Beschreibung dieses Prüfungselements s. S. 226 im Lehrbuch.

A8 Teile eines Hauses: s. Anweisungen im Buch
Der Wortschatz wird auch auf Arbeitsblatt 6 behandelt (ergänzt mit den Wechselpräpositionen).

A10 Hörtext: Wohnungsangebote: s. Anweisungen im Buch

Arbeitsblatt 2: Eine neue Wohnung (Lückentext)

Wortschatz und Grammatik von A9

1. In dem Lückentext fehlen die Bezeichnungen für die Hausteile. Der Text kann aus dem Gedächtnis oder beim Hören des Textes ergänzt werden.
2. KT überprüfen ihre Lösungen mit dem Hörtext/der Transkription.

A11 Konjugation: s. Anweisungen im Buch

A12–13 Zwei weitere Wohnungsangebote: s. Anweisungen im Buch

Grammatikübersicht und Übungen: C7–8, C15

Arbeitsblatt 3: Situationen (Rollenspiel)

Wortschatz: sich über Häuser informieren, einen Termin vereinbaren
Grammatik: Frage- und Aussagesätze, lokale und temporale Präpositionen

1. KL teilt die Kärtchen aus: KT 1 mit 1a und KT 2 mit 1b auf der Karte bilden eine Zweiergruppe. KT 1 mit 1a ist die Kundin/der Kunde, KT 2 mit 1b ist die Maklerin/der Makler.
2. KT 1 möchte ein Haus/eine Wohnung mieten, KT 2 hat ein Angebot. KT 1 beschreibt ihre/seine Wünsche, informiert sich über die Besonderheiten der angebotenen Wohnung/des Hauses und entscheidet am Ende des Gesprächs, ob das Angebot interessant ist. Wenn ja, so vereinbaren sie einen Termin.
3. KT üben die Telefongespräche ein und stellen sie dann im Plenum vor.

A14 Der Komparativ wird an drei Beispielen aus A11 veranschaulicht.

Mögliche weiterführende Übung (in Kleingruppen oder im Plenum):
KT vergleichen ihre jetzige Wohnung mit einer früheren. KL kann z. B. fragen: *Wie haben Sie früher gewohnt? / Vergleichen Sie Ihre Wohnungen heute und früher.*

Grammatikübersicht und Übungen: C14

A15 Phonetik *(h)*: s. Anweisungen im Buch

A16 KT hören die vorgegebenen Wörter und sprechen sie nach. Dann ordnen sie die Nomen den Gegenständen auf dem Bild zu und beantworten in Kleingruppen Frage b).

A17 Mithilfe der Zeichnungen werden die Lokalangaben mit dem Dativ eingeführt. KL schreibt das erste Beispiel an die Tafel: *Die Flasche steht in dem (= im) Kühlschrank.* Daneben schreibt sie/er die Nominativ- und Dativform: *der Kühlschrank, dem Kühlschrank*. Es empfiehlt sich, die Übersicht auf

Seite 187 während der Übung an die Tafel zu projizieren. Die Aufgabe wird in Partnerarbeit mit anschließender Ergebnispräsentation durchgeführt.

Mögliche weiterführende Übungen:
Übung 1: KL wählt ein bekanntes Gemälde aus (z. B.: *Van Gogh: Schlafzimmer in Arles, J. Vermeer: Briefelesendes Mädchen am offenen Fenster*) und beschreibt es genau (mit vielen Präpositionen), ohne den Titel des Bildes zu verraten. KT hören zu, zeichnen das Bild nach und raten, um welches Bild es sich handelt.

Übung 2: KT 1 schließt das Buch, KT 2 hat das Buch bei A16 offen. KT 2 beschreibt das Bild, KT 1 zeichnet es nach. Dann beschreibt sie/er die Zeichnung, KT 2 überprüft, ob sie mit dem Originalbild übereinstimmt.

Grammatikübersicht und Übungen: C1–3

A18–19 Diese Aufgaben dienen der Vertiefung des Dativs.

Zum genauen Arbeitsvorgang: s. Anweisungen im Buch

Übungen: C16–18

A20–21 In dieser Aufgabensequenz werden die Lokalangaben durch die Frage *Wohin?* und den Gebrauch des Akkusativs erweitert.

A20: KL schreibt die Beispielsätze an die Tafel, unterstreicht die Präpositionen und den nachfolgenden Kasus. KT beschreiben den Unterschied und formulieren die Regeln zum Gebrauch der Wechselpräpositionen selbst. Die Aufgabe wird in Partnerarbeit mit anschließender Ergebnispräsentation durchgeführt.

A21: Die Übung dient zur Vertiefung der Lokalangaben im Akkusativ.

Mögliche weiterführende Übung oder Wettbewerb:
1. Jede/Jeder KT legt einen oder zwei Gegenstände auf einen leeren Tisch im Kursraum und sagt dabei folgende Sätze: *Ich lege/stelle mein … auf den Tisch. Er/Sie/Es ist/liegt/steht jetzt … (neben der Brille von Paul, zwischen dem Stift von Agata und dem Handy von Jeremy)* usw.
2. Arbeit in Zweiergruppen: KT haben 30 Sekunden Zeit, um sich die Positionen der Gegenstände zu merken, dann wird der Tisch mit einem Tuch abgedeckt.
3. KT schreiben aus dem Gedächtnis in ca. 5–10 Min. die Position möglichst vieler Gegenstände auf.
4. Die Sätze werden im Plenum vorgelesen. Es gewinnt die Gruppe mit den meisten grammatikalisch richtigen Sätzen.

Grammatikübersicht und Übungen: C4–5

Arbeitsblatt 4: Wo ist meine Hose?

Wortschatz: Möbel, Gebrauchsgegenstände, Kleidungsstücke
Grammatik: Wechselpräpositionen

1. KT arbeiten in Zweiergruppen: KT 1 bekommt Arbeitsblatt A, KT 2 Arbeitsblatt B. Zunächst sollten die Gegenstände auf den Zeichnungen benannt werden. Jede Zweiergruppe sucht die Bezeichnungen zu zehn Gegenständen, eventuell auch mithilfe eines Wörterbuchs. Im nächsten Schritt werden die Nomen im Plenum gesammelt und an die Tafel geschrieben.
2. Aufgabe 1: KL erklärt die Situation: KT 1 und KT 2 sind in eine gemeinsame Wohnung eingezogen und sind gerade beim Auspacken. KT 1 findet ihre/seine Lieblingsgegenstände nicht (da diese nur auf Arbeitsblatt B abgebildet sind). KT 2 weiß jedoch, wo sie sind. KT 2 sucht ebenfalls nach ihren/seinen Lieblingsgegenständen, von denen KT 1 weiß, wo sie zu finden sind.
3. KT diskutieren mithilfe der vorgegebenen Redemittel und zeichnen die eigenen Gegenstände an den entsprechenden Orten ein.
4. Aufgabe 2: Wenn alle Gegenstände „gefunden" worden sind, schreiben KT sechs Sätze über die Position der Lieblingsgegenstände.
5. Die Lösungen werden im Plenum kurz besprochen.

Mögliche weiterführende Übung:
KL bittet KT, das Wohnzimmer mit den Gegenständen auf der Zeichnung einzurichten. KT können das Zimmer auch zeichnen, aber sie sollten ihre Sätze auch aufschreiben, z. B.: *Wir stellen den Computer auf den Tisch. Wir legen die Socken in die Kommode.* Danach erstellen sie eine Liste der Gegenstände und Möbelstücke, die sie noch brauchen.

A22 Als Einleitung für diese Übung kann KL z. B. Folgendes sagen: *Andrea hat heute den Termin in der Sonnenstraße* (s. A12), *aber sie hat ein Problem. Was, glauben Sie, ist das Problem?*
KT äußern ihre Vermutungen, danach wird der Text einmal bei geschlossenem Buch vorgespielt und dann die Frage beantwortet: *Sie findet den Weg nicht.*

Zum weiteren Arbeitsvorgang: s. Anweisungen im Buch (Wegbeschreibung)

Arbeitsblatt 5: Satzanfänge und Satzenden

Wortschatz: Haus, Wohnen
Grammatik: Wechselpräpositionen

1. KL teilt die Karten aus: Jede/Jeder KT bekommt nur eine Karte. Es wird nach passenden Satzanfängen bzw. Satzenden mit einer Dativ- oder Akkusativergänzung gesucht.
2. KT gehen im Kursraum herum, vergleichen ihre Karten und finden den Gesprächspartner für A22 über die passende Satzhälfte.
3. Die Sätze werden im Plenum vorgelesen.

A23 KL kann KT bitten, für jeden Dialog einen anderen Ausgangspunkt zu wählen.

Zum weiteren Arbeitsvorgang: s. Anweisungen im Buch

Variante (Ratespiel im Plenum):
1. KL beschreibt einen Weg, z. B.: *Ich stehe vor der Oper, ich gehe nach links, ich biege in die erste Querstraße ein, dann gehe ich geradeaus, an der Kreuzung gehe ich rechts. Wo bin ich jetzt?* (Lösung: vor dem Rathaus)
2. KT beschreiben einige weitere Wege.

Mögliche Hausaufgabe:
KT suchen auf einer Internet-Landkarte nach einem Routenplan zwischen zwei Straßen in einer Großstadt. (Die Straßennamen kann KL vorgeben.)

Arbeitsblatt 6: Das Haus in der Marienstraße

Wortschatz: Teile eines Hauses (Wiederholung)
Grammatik: Wechselpräpositionen mit Dativ

1. KL kann die Übung einleiten, indem sie/er sagt: *Die Wohnung in der Sonnenstraße war nicht die richtige für Andrea. Sie ruft die Maklerin noch einmal an, um weitere Details über die Wohnung in der Marienstraße zu erfahren.*
2. KT diskutieren im Plenum und beantworten Andreas Fragen.

Variante:
Zweiergruppenarbeit in lernstarken Gruppen (erst nach gründlicher Vertiefung des Dativs):
KT 1 hat nur das Bild, KT 2 nur die Fragen.

Arbeitsblatt 7: Andreas Nachbarn

Wortschatz: Personenbeschreibung, Hausbeschreibung
Grammatik: Perfekt (Wiederholung), lokale Präpositionen

1. KL teilt die Arbeitsblätter aus: KT 1 bekommt Arbeitsblatt A und KT 2 Arbeitsblatt B. Andrea ist in die Wohnung in der Marienstraße eingezogen. Sie stellt sich den Nachbarn vor und die Nachbarn stellen sich ihr vor.
2. Aufgabe 1 wird im Plenum gelöst.
3. Aufgaben 2 und 3: KT diskutieren in Zweiergruppen und ergänzen die Informationen über Andreas Nachbarn und erfinden eine Identität für Andrea.
4. Die Nachbarn werden im Plenum kurz vorgestellt, danach stellt jede Gruppe „ihre Andrea" vor.

A24–26 Diese Aufgabensequenz dient der schriftlichen Wiederholung von Wortschatz und Grammatik dieses Kapitels.

Übungen: C9–11

Arbeitsblatt 8: Neugierige Fragen (Brettspiel)

Wortschatz: Wohnungen, Häuser
Grammatik: Wechselpräpositionen, Perfekt

1. KL legt das Brettspiel auf den Tisch (evtl. auf DIN A3 vergrößert). Jede Gruppe verfügt über eine Figur/Münze o. ä., mit der sie versucht, ans Ziel zu kommen.
2. Die Gruppen würfeln der Reihe nach und beantworten die Frage des entsprechenden Kästchens.
3. Das Spiel geht so lange, bis die erste Gruppe das Ziel erreicht hat oder bis alle Gruppen das Ziel erreicht haben. Vor dem Spielbeginn sollten die KT gemeinsam entscheiden, ob sie nur fehlerfreie Antworten zulassen bzw. ob die Kleingruppe, die eine grammatikalisch falsche Aussage korrigieren kann, ein Kästchen vorrücken darf usw.

A27–31 Hausordnung, Konjugation von *dürfen*: s. Anweisungen im Buch

Grammatikübersicht und Übungen: C12–13

A32 Diese Aufgabe dient der mündlichen Wiederholung von Wortschatz und Grammatik des Kapitels. KT können hier ihre eigene oder eine fiktive Wohnung vorstellen oder eine Wohnung aus A4.

Arbeitsblatt 9: Satzbautraining

Lernziel: Wortschatz und Grammatik des Kapitels vertiefen

1. KT bilden Zweiergruppen: KT 1 bekommt Arbeitsblatt A, KT 2 Arbeitsblatt B. Aus dem ursprünglichen Satz werden mithilfe der Vorgaben neue Sätze gebildet.
2. In Teil A bildet KT 2 Sätze, KT 1 kontrolliert und korrigiert sie/ihn.
3. In Teil B werden die Rollen getauscht.

Arbeitsblatt 10: Grammatik- und Wortschatztraining

Grammatik- und Wortschatzübungen zu den Artikelendungen und Wechselpräpositionen (nach A18 jederzeit einsetzbar)

Arbeitsblatt 11: Wiederholungstest

Der Test gibt KT Gelegenheit, sich zu überprüfen und eventuelle Fragen zu klären.

Arbeitsblatt 12: Prüfungsvorbereitung *Goethe-Zertifikat A1: Start Deutsch 1*

Zusammenfassende Übung und Vorbereitung auf die Prüfung *Goethe-Zertifikat A1: Start Deutsch 1.*
Die Kandidaten müssen im Prüfungsteil *Sprechen Teil 2* eine beliebige Bitte zu der auf ihrer Karte vorgegebenen Abbildung formulieren und darauf reagieren.
Zur Beschreibung dieses Prüfungselements s. S. 227 im Lehrbuch.

B1–3 *fakultativ*
Wohnen im Vergleich: s. Anweisungen im Buch

B4 *fakultativ*
Der Bericht kann als Partner- oder Gruppenarbeit durchgeführt oder als Kurzvortrag zu Hause vorbereitet werden. KL kann KT z. B. bitten, vom eigenen Haus im Heimatland Fotos mitzubringen oder im Internet Bilder von Häusern, die ihnen besonders gefallen, herunterzuladen.

D s. Hinweise S. 5

8 Begegnungen und Ereignisse

Im Phonetikteil dieses Kapitels wird die Aussprache der Komposita geübt. Bei der Korrektur sollte KL auf diesen Aspekt besonders achten.

Einführung des Themas, Aktivierung der Vorkenntnisse

Zur Einführung des neuen Themas kann KL z. B. folgende Fragen stellen: *Was/Wo/Wie haben Sie zum letzten Mal gefeiert? Beschreiben Sie den Ort! Wann haben Sie Geburtstag? Welche Anlässe feiert Ihre Familie? Mit wem feiern Sie gern?*

A1 Postkarten mit Glückwünschen: s. Anweisungen im Buch

A2 Konjugation und Bedeutung von *werden* (als Vollverb): s. Anweisungen im Buch
Die Übung sollte in Partnerarbeit mit anschließender Ergebnispräsentation durchgeführt werden.
Grammatikübersicht und Übung: C1

A3 Wünsche formulieren: s. Anweisungen im Buch

A4–5 In dieser Sequenz liegt der Fokus auf Verben mit Ergänzungen im Dativ und Akkusativ. KL schreibt folgenden Satz an die Tafel: *Ich wünsche Oma ein langes Leben*. Dann unterstreicht KL die Kasusergänzungen und erklärt, dass das Verb *wünschen* mehrere Ergänzungen braucht, damit ein Satz gebildet werden kann: *ich* (Nominativ), *Oma* (Dativ), *ein langes Leben* (Akkusativ). Anhand der Übersicht auf S. 199 kann KL deutlich machen, dass es im Deutschen noch mehr Verben gibt, die mit einer Ergänzung im Dativ (meist eine Person) und einer Ergänzung im Akkusativ (meist eine Sache) stehen. Die Aufgaben sollten KT zu zweit bearbeiten.
Grammatikübersicht und Übungen: C2–3

Arbeitsblatt 1: Geschenke

Wortschatz: Geschenke, Gegenstände
Grammatik: Akkusativ und Dativ, Personalpronomen

1. Vor der Verteilung der Arbeitsblätter: KT fragen sich in Zweiergruppen über ihre Hobbys und Interessen gegenseitig aus.
2. KL verteilt die Arbeitsblätter und erklärt die Aufgabe: *Sie suchen für Ihre Gesprächspartnerin/ Ihren Gesprächspartner ein passendes Geschenk.* (s. Arbeitsblatt)
   Zunächst werden die Wörter auf dem Arbeitsblatt in Partnerarbeit ergänzt und im Plenum verglichen.
3. Danach suchen die KT ein passendes Geschenk aus.
4. Im Plenum werden die Geschenke mit einer kurzen Begründung vorgestellt.
   KT 1 und KT 2 können ein kurzes Gespräch führen, z. B.: KT 1: *Ich habe für dich dieses Geschenk gekauft, denn du magst … (Bücher). Ich hoffe, es gefällt dir.* KT 2: *Danke, das ist sehr nett von dir. (Ich lese das Buch heute Abend.)* Auf diese Weise werden auch die bei der Überreichung eines Geschenks verwendeten Ausdrücke gelernt.

A6–7 A6: KT bereiten als Hausaufgabe den Bericht über das schönste Geschenk vor.
KL kann KT bitten, das Geschenk mitzubringen.
A7: Modalverb *sollen*, Imperativ, Dativ: s. Anweisungen im Buch

Arbeitsblatt 2: Was schenken wir …?

Wortschatz: Personenbeschreibung, Gegenstände
Grammatik: Akkusativ und Dativ, Personalpronomen

1. KT bilden Zweier- oder Dreiergruppen. Jede Gruppe erhält zwei oder drei Karten. Auf den Karten stehen Personen mit einer kurzen Charakterbeschreibung, die morgen Geburtstag haben. Aufgabe der Gruppen ist es, für die beschriebenen Personen passende Geschenke zu finden.
2. KT lesen die Personenbeschreibungen und diskutieren über mögliche Geschenke (evtl. mithilfe von Arbeitsblatt 1).
3. KT stellen ihre Geschenke im Plenum vor und begründen kurz ihre Wahl.

Arbeitsblatt 3: Georg kauft ein

Wortschatz: Gegenstände, Lebensmittel
Grammatik: Akkusativ und Dativ, Konjunktion *denn*

1. KL teilt die Arbeitsblätter aus und erklärt die Aufgabe: *Der kleine Georg kauft für die ganze Familie ein. Was kauft er in den verschiedenen Geschäften? Wem kauft er diese Sachen und warum?* Auf diese Fragen suchen wir die Antwort.
2. Aufgabe 1: KT listen in Zweier- oder Dreiergruppen möglichst viele Waren auf, die man in den Geschäften kaufen kann. Die Wortlisten werden im Plenum verglichen.
3. Aufgabe 2: KT wählen in jedem Geschäft einen Artikel für ein Familienmitglied aus und schreiben dazu einen Satz, z. B.: *Georg kauft seinem Opa 500 Gramm Käse, denn Opa mag Käse/Milchprodukte/hat viele Mäuse.*
4. Die Sätze werden im Plenum vorgelesen.

A8 Partygespräche: s. Anweisungen im Buch

Mögliche weiterführende Übung: KL sagt, dass wir auf einer Party sind und uns kennenlernen möchten. KT bewegen sich frei im Kursraum und stellen sich ausführlich vor. (Hier können sie, wenn sie wollen, für sich eine neue Identität erfinden.) KL kann leise Musik einschalten.

Um den Lerneffekt zu steigern, kann KL jeder/jedem KT eine Frage geben (über Hobbys, Arbeit, Wohnung, Familie usw.), die sie/er im Laufe der Partygespräche möglichst vielen Menschen stellen soll.

Arbeitsblatt 4: Sind Sie ein Partymensch?

Wortschatz: Party, Feier
Grammatik: kein besonderer Schwerpunkt

1. KL stellt vor dem Austeilen der Arbeitsblätter z. B. folgende Fragen: *Gehen Sie gern auf Partys? Wann waren Sie das letzte Mal auf einer Party?* Die Fragen werden im Plenum beantwortet.
2. Dann teilt sie/er die Arbeitsblätter aus und erklärt die Aufgabe. Das Arbeitsblatt enthält einen Psychotest zum Thema *Sind Sie ein Partymensch?*
3. KT diskutieren in Kleingruppen, beantworten die Fragen und werten anschließend ihre Antworten aus. (Es ist spannender, wenn die KT nicht ihre eigenen, sondern Fragebögen von anderen KT auswerten.)
4. KL kann am Ende im Plenum folgende Frage stellen: *Stimmen die Ergebnisse mit Ihrer Selbsteinschätzung überein?* KT beantworten die Frage kurz.

A9–10 Der Text und die Aufgabe dienen der Überleitung zum Thema *Gesundheit*.
A9: KT hören und lesen den Dialog, KL erklärt die unbekannten Wörter.
A10: KL spielt den Dialog noch ein- oder zweimal vor, KT ergänzen die Informationen.

A11 Übungen zu Körperteilen: s. Anweisungen im Buch

Arbeitsblatt 5: Körperteile

Wortschatz: Körperteile
Grammatik: Artikel und Plural, Akkusativ und Dativ mit und ohne Präpositionen

1. Aufgabe 1 wird im Plenum gelöst (Körperteile nach Artikel ordnen).
2. Aufgabe 2: KT diskutieren in Kleingruppen oder im Plenum und bilden mit den Körperteilen und den vorgegebenen Verben Sätze.
3. Die Sätze werden im Plenum vorgelesen.

Variante: KT 1 liest ihren/seinen Satz vor, ohne den Körperteil zu nennen, z. B.: *Mit diesem Körperteil essen wir/singen wir. An diesem Körperteil tragen wir einen Ohrring.* Die anderen KT nennen den Körperteil mit Artikel und Plural.

A12 Krankheiten und Ratschläge, Wiederholung der Funktion der Modalverben *sollen, möchte(n)* und *dürfen*: s. Anweisungen im Buch

Übungen: C4–5

A13 Phonetik (zusammengesetzte Nomen): s. Anweisungen im Buch

Arbeitsblatt 1 aus Kapitel 7 kann hier als Wiederholungsübung eingesetzt werden (Komposita aus Verben).

A14
1. Da der Dialog größtenteils bekannten Wortschatz enthält, kann KL den Dialog zuerst bei geschlossenem Buch zweimal vorspielen und KT bitten, alle Informationen, die sie verstanden haben, aufzuschreiben.
2. Die notierten Informationen werden in Kleingruppen verglichen.
3. KL spielt den Dialog bei geöffnetem Buch ein drittes Mal vor. KT kontrollieren ihre Notizen. Die unbekannten Wörter werden geklärt.

A15–16 Anweisungen für ein Medikament: s. Anweisungen im Buch

Mögliche weiterführende Übung für lernstarke Gruppen: KT suchen im Netz nach einem Medikament z. B. gegen Kopfschmerzen, Husten, Halsschmerzen oder Schnupfen. Sie lesen die Anweisungen und geben eine Empfehlung. KL schreibt einige Vorgaben an die Tafel: *Bei (Kopfschmerzen) hilft (Dolormin). Erwachsene können (1–3 Tabletten) einnehmen. Für Kinder ist das Medikament (nicht/auch sehr gut) geeignet. Man nimmt das Medikament am besten (vor/nach dem Essen/vormittags/abends).*

Übung: C10

Arbeitsblatt 6: Reaktionen

1. Jede/Jeder KT bekommt eine Karte, die entweder eine Aussage oder die Antwort auf eine Aussage (meistens einen guten Wunsch) beinhaltet. KT sollen die passende Aussage bzw. Antwort zur eigenen Karte finden.
2. KT vergleichen ihre Karten, KT mit den zusammengehörenden Karten bilden eine Zweiergruppe für A17.
3. Die Minidialoge werden im Plenum vorgelesen.

A17–18 Prioritäten diskutieren, Entschuldigungen schreiben und auf den Anrufbeantworter sprechen, Ausreden erfinden: s. Anweisungen im Buch

Grammatikübersicht und Übung: C6

A19–25 Die letzte Aufgabensequenz des Buches beinhaltet die Einführung des Präteritums. Für erwachsene Lernende, die sich schon auf dem Anfängerniveau gern mit Nachrichten und Zeitungsartikeln auseinandersetzen, ist diese Vergangenheitsform besonders wichtig. Aus dieser Überlegung heraus wird sie bereits hier eingeführt, obwohl sie über das Niveau A1 des Gemeinsamen Europäischen Referenzrahmens hinausgeht. Die Aufgaben sind hauptsächlich nur auf die Kenntnis dieser Zeitform und nicht so sehr auf ihren aktiven Gebrauch ausgerichtet.

In A18 und A19 werden die Vergangenheitsformen der Modalverben eingeführt und geübt. Im Anschluss geht es um Nachrichten und Aktuelles. In A20 werden einige Kurznachrichten präsentiert, die KT zuerst nur hören und anschließend hören und lesen sollen. Die Übungen A21–25 dienen zur Vertiefung des Wortschatzes und der Struktur des Präteritums.

Zum genauen Arbeitsvorgang: Kurznachrichten: s. Anweisungen im Buch

Mögliche Hausaufgabe für lernstarke Gruppen: KL stellt die Frage: *Über welche Themen schreiben die deutschen Zeitungen im Moment?* KT lesen die Schlagzeilen (nur die Schlagzeilen!) der aktuellen Ausgabe einer deutschen Zeitung (im Internet oder gedruckt) und notieren sich einige davon. (Evtl. kann jede/jeder KT an einem anderen Tag die Zeitung lesen oder in eine andere Zeitung schauen.) In der nächsten Unterrichtsstunde werden die Schlagzeilen kurz besprochen und eventuelle Fragen geklärt.

Grammatikübersicht: S. 216

Arbeitsblatt 7: Nachrichten

Wortschatz: Kurznachrichten
Grammatik: Konjugation der Verben im Präsens und im Präteritum

Dieses Arbeitsblatt gibt einen thematischen Überblick über die wichtigsten in den Kurznachrichten präsentierten Nomen-Verb-Verbindungen. KT ergänzen die Sätze im Präsens, dann im Präteritum (evtl. auch im Perfekt).

Arbeitsblatt 8: An diesem Tag …

Wortschatz: Kurznachrichten
Datum, Grammatik: Präteritum

1. Vor Beginn der Dialogarbeit können die Zeitangaben (Datum, Jahreszahl) wiederholt werden.
2. KL teilt die Arbeitsblätter aus: KT 1 bekommt Arbeitsblatt A und KT 2 Arbeitsblatt B. Auf den Arbeitsblättern stehen Daten und kurze Beschreibungen der dazugehörenden historischen Ereignisse, allerdings mit Lücken, denn einige Informationen hat nur die Gesprächspartnerin/der Gesprächspartner.
3. KT diskutieren in Zweiergruppen und ergänzen die fehlenden Informationen.
4. Die Sätze werden im Plenum vorgelesen.

Mögliche weiterführende Übung oder Hausaufgabe:
KT nennen einige wichtige Daten aus dem eigenen Leben und/oder aus der Geschichte ihrer Heimatländer.

A26 In dieser Übung wird das Perfekt wiederholt. Hier sollte KL auch den grundlegenden Unterschied im Gebrauch des Perfekts und des Präteritums erläutern (Perfekt für mündliche und informelle schriftliche Kommunikation, Präteritum für anspruchsvolle Texte, v. a. schriftlich, z. B. Literatur und Nachrichten.

Grammatikübersicht und Übungen: C7–9

Arbeitsblatt 9: Satzbautraining

Lernziel: Wortschatz und Grammatik des Kapitels vertiefen

1. KT bilden Zweiergruppen: KT 1 bekommt Arbeitsblatt A, KT 2 Arbeitsblatt B. Aus dem ursprünglichen Satz werden mithilfe der Vorgaben fünf neue Sätze gebildet.
2. In Teil A bildet KT 2 Sätze, KT 1 kontrolliert und korrigiert sie/ihn.
3. In Teil B werden die Rollen getauscht.

Arbeitsblatt 10: Grammatik- und Wortschatztraining

Grammatik- und Wortschatzübungen zum Präteritum (am Kapitelende einsetzbar)

Arbeitsblatt 11: Wiederholungstest

Der Test gibt KT Gelegenheit, sich zu überprüfen und eventuelle Fragen zu klären.

Arbeitsblatt 12: Prüfungsvorbereitung *Goethe-Zertifikat A1: Start Deutsch 1*

Zusammenfassende Übung und Vorbereitung auf die Prüfung *Goethe-Zertifikat A1: Start Deutsch 1.* Zur Beschreibung dieses Prüfungselements s. S. 223–224 im Lehrbuch.

B1 *fakultativ*
Feiertage in der EU: s. Anweisungen im Buch

B2–7 *fakultativ*
Probleme bei der Weihnachtsfeier: s. Anweisungen im Buch

Mögliche weiterführende Übung oder Hausaufgabe:
KL kann KT bitten, einen Knigge für eine Feier im Heimatland (Hochzeit, Weihnachten, Geburtstag) zusammenzustellen, z. B.: *Wen muss/soll man einladen? Worüber darf man (nicht) sprechen? Was darf man nicht tun? Welches Gericht muss man unbedingt probieren?*

D s. Hinweise S. 5

Vorschläge zur Arbeit mit den Folien

Die Whiteboardmaterialien dienen vor allem der Wiederholung des Wortschatzes und der Strukturen und können als Zusatzmaterial im Unterricht eingesetzt werden.
Zu jedem Kapitel gibt es drei bis fünf Aufgaben, die meistens aus mehreren Teilen bestehen. In den Hinweisen zu den Whiteboardmaterialien gibt die Zahl in den eckigen Klammern an, aus wie vielen Teilen eine Aufgabe besteht. Tipps für mögliche weiterführende Übungen sind mit [W] gekennzeichnet.

Die Whiteboardmaterialien bestehen aus vier Aufgabentypen, denen jeweils ein Icon zugeordnet ist.

1. Die meisten Folien sind interaktiv, hier können Sie auf die jeweilige Lücke klicken, dann erscheint die Lösung. Diese interaktiven Folien erkennen Sie am Pfeil oben links: .
2. Der Stift kennzeichnet frei zu lösende Schreibaufgaben, bei denen die Lernenden selbst die Lösung notieren sollen (entweder individuell auf Papier oder mithilfe der Stift-Funktion direkt auf dem Board): .
3. Die Sprechblasen weisen auf eine mündliche Aufgabe hin, bei der die Teilnehmenden ins Gespräch kommen und/oder spezielle Themen diskutieren: .
4. Wenn die Inhalte einer Folie nur gelesen werden sollen, dann befindet sich ein aufgeschlagenes Buch vor der Aufgabenstellung: .

Die Whiteboardfolien stehen zusätzlich zum E-Book auf *BlinkLearning.com* zur Verfügung.

Kapitel 1

Aufgabe 1: Sich vorstellen (Seite 9/A2)

Wortschatz: Fragen und Angaben zur Person
Grammatik: Konjugation in der ersten Person Singular, Frage- und Aussagesätze, Satzmelodie

[1] Teil eins enthält die Sätze über Franziska Binder aus Aufgabe A2. KT schauen sich die Folie an und versuchen, sich möglichst viele Sätze zu merken. KL kann KT bereits in dieser Phase auf die Intonation der Frage- und Aussagesätze aufmerksam machen und eventuell die Satzmelodie an die Tafel zeichnen.

[2] Im zweiten Teil der Aufgabe sollen KT die Antworten ergänzen. Die Aufgabe wird im Plenum gelöst. KL kann nach jedem Satz die Antwort durch einen Klick auf die Lücke erscheinen lassen und die Sätze mit der richtigen Intonation vorlesen.

[3] Im dritten Teil sollen KT die Fragen in ganzen Sätzen beantworten. KT1 stellt die erste Frage, KT2 übernimmt die Rolle von Franziska Binder. Der Dialog kann von mehreren KT gesprochen werden. Im Verlauf der Übung können KT sich selbst vorstellen.

[4] Teil vier besteht aus drei Phasen: Zuerst werden die Fragewörter im Plenum ergänzt.
In der zweiten Phase laufen KT im Kursraum herum und stellen sich gegenseitig einige Fragen von der Liste. Jede/Jeder KT darf derselben Person höchstens zwei Fragen stellen. KT notieren die gehörten Informationen oder versuchen, sie sich zu merken.
Zum Schluss werden die gesammelten Informationen im Plenum vorgestellt. Hier liegt der Akzent auf dem gemeinsamen Präsentieren: Das Ziel ist, dass KT als Gruppe alle Fragen zu jeder Person beantworten. Die/Der KT, die/der gerade vorgestellt wird, bestätigt oder korrigiert die Angaben.

Aufgabe 2: Die Zahlen (Seite 15/A23)

Wortschatz: Zahlen

[1] [2] Im ersten Teil sollen KT die fehlenden Zahlen nennen. KL klickt auf die Lücken und die Lösungen erscheinen.

[3] Im zweiten Teil laufen KT im Kursraum herum und stellen anderen KT Fragen zu Alter, Telefonnummer usw. KT notieren sich die Antworten. Am Ende kann KL einige Fragen im Plenum stellen, z. B. *Welche Schuhgröße hat KT4?*

Aufgabe 3: Wie viele? (Seite 15/A23, Seite 16/A28)

Wortschatz: Zahlen

[1] Auf der Folie befinden sich drei Zeichnungen. KT sollen sagen, wie viele Menschen oder Gegenstände auf den Zeichnungen zu sehen sind.

[2] In diesem Teil der Aufgabe kann KL eine/einen KT an das Board bitten. KT rechnen im Plenum die Aufgaben. Die/Der KT am Board klickt auf die Lücken und die Lösungen erscheinen.

Kapitel 2

Aufgabe1: Gegenstände im Büro (Seite 36/A2)

Wortschatz: Gegenstände im Büro
Grammatik: Genus der Nomen

[1] Im ersten Teil sollen KT einige Nomen ergänzen. KL kann die Aufgabe im Plenum lösen, indem sie/er auf die Lücken klickt.

[2]–[4] Im zweiten Teil werden die nach dem Genus geordneten Nomen ergänzt (in Einzelarbeit oder in Kleingruppen). KL oder eine/ein KT lässt am Ende der Übung die Lösungen durch einen Klick auf die Lücken erscheinen.

[W] KL nennt 10 bis 15 weitere Nomen (Gebrauchsgegenstände) mit Artikel (möglicherweise Namen für Gegenstände, die im Kursraum vorhanden sind oder auf einem Bild gezeigt werden können). KT sprechen die Nomen nach. Anschließend sagt KL nur die Nomen ohne Artikel, KT ordnen sie nach maskulin, feminin und neutral. So wiederholen KT die Nomen und festigen das Genus. Anschließend können KT alle Nomen notieren. KL kann die Nomen zuerst diktieren, dann zur Kontrolle an das Board schreiben.

Aufgabe 2: An der Universität (Seite 41/A14–15)

Wortschatz: Abteilungen an der Universität, Tätigkeiten an der Universität
Grammatik: Satzbau mit dem Modalverb *können*

In dieser Aufgabe sollen KT benennen, was man wo an der Universität machen kann. KL klickt auf die Lücken und die Lösungen erscheinen.

Aufgabe 3: Artikel- und Adjektivendungen (Seite 48/C1)

Wortschatz: Gegenstände und einige Berufe
Grammatik: Artikel- und Adjektivendungen

[1] In dieser Aufgabe sollen die Artikel- und Adjektivendungen gefestigt werden. Im ersten Teil geht es um die maskulinen Nomen. Anhand der Bilder sollen KT Adjektivendungen einfügen und den jeweiligen Gegenstand benennen. KL kann die Aufgabe erst in Kleingruppen lösen lassen und dann die Lösungen durch einen Klick auf die Lücken erscheinen lassen.

[2]–[4] Die Endungen für feminine und neutrale Nomen bzw. Nomen im Plural werden in gleicher Weise bearbeitet.

Kapitel 3

Aufgabe 1: Begrüßung und Verabschiedung (Seite 58/A1)

Wortschatz: Gruß- und Abschiedsformeln, Tageszeiten
Grammatik: Kein besonderer Schwerpunkt (evtl. Akkusativendungen für das Adjektiv ohne Artikel)

[1] [2] In dieser Aufgabe fehlen bestimmte Elemente der Gruß- und Abschiedsformeln, KT sollen sie ergänzen. KL klickt auf die Lücken und die Lösungen erscheinen.

Aufgabe 2: Haben Sie ...? Brauchen Sie ...? (Seite 60/A3)

Wortschatz: Gegenstände
Grammatik: Akkusativendungen des Definit- und Indefinitartikels, Fragesätze, Negation

Bevor die Aufgabe durchgeführt wird, werden die Regeln zum Gebrauch des Akkusativs bzw. die Akkusativendungen des Definit- und Indefinitartikels wiederholt. KL fordert KT auf, die Gegenstände zu benennen (Die Lösungen erscheinen, wenn man auf die Lücken klickt). Danach sollen KT Fragen zu den Gegenständen bilden (schriftlich oder mündlich, siehe Beispiele auf der Folie). Die Fragen werden im Plenum kontrolliert. KT spielen mithilfe der Redemittel einige Musterdialoge, damit jede/jeder KT weiß, wann welche Artikelendung benutzt werden muss. Danach stehen KT auf, laufen im Kursraum herum und versuchen, sich innerhalb der vorgegebenen Zeit (5 bis 10 Minuten) möglichst viele Fragen zu stellen und KT zu finden, die mindestens einen Gegenstand nicht haben. Die interessanten Informationen werden kurz im Plenum besprochen.

Aufgabe 3: Die Zimmerausstattung (Seite 60–61/A4)

Wortschatz: Hoteleinrichtung, Möbel, Zahlen
Grammatik: Satzbau, Akkusativ

[1]–[3] Diese Aufgabe dient der Wiederholung und Festigung des Vokabulars. KT können die Aufgabe im Plenum oder in Kleingruppen lösen, am Ende lässt KL die Lösungen durch einen Klick auf die Lücken erscheinen.

Aufgabe 4: Was es in einer Stadt alles gibt (Seite 66/A18)

Wortschatz: Gebäude in einer Stadt
Grammatik: Wortstellung mit dem Modalverb *können*, Akkusativ

Die folgenden Übungen, in denen KT schrittweise mehr Informationen in den Sätzen ergänzen müssen, sollen helfen, statt einzelner Wörter ganze Ausdrücke (hier: Verben mit passenden Nomen) zu lernen und die Kenntnisse zur Wortstellung zu festigen.

[1] [2] Im ersten Teil der Aufgabe fehlt in jedem Satz das Verb. KT nennen die passenden Verben; danach kann KL die Lösungen durch einen Klick auf die Lücken erscheinen lassen.

[3] [4] In Teil zwei fehlen auch die zu den Verben gehörenden Nomen. KT arbeiten im Plenum, KL lässt die Lösungen erscheinen. KL kann KT auffordern, die Sätze mit der richtigen Intonation vorzulesen.

Kapitel 4

Aufgabe 1: Obst (Seite 86/A2, Seite 92/A16)

Wortschatz: Obst, Zahlen, Einkaufen
Grammatik: Satzbau

Diese Aufgabe passt zu Arbeitsblatt 5, Kapitel 4 (Handbuch für Lehrende, Seite 99) und kann zur Ergebnissicherung eingesetzt werden.

[1] Im ersten Teil werden verschiedene Früchte wiederholt. KL bittet einen oder vier KT an das Board und bittet KT, die Früchte mit Artikel und Pluralformen zu nennen. Die Lösungen erscheinen, wenn man auf die Lücken klickt.

[2] Im zweiten Teil wird ein Dialog gespielt. Die Preise für die Früchte entsprechen der Lösung des Arbeitsblattes 5 in diesem Handbuch (Seite 99).

Aufgabe 2: Ein Gespräch im Restaurant (Seite 97/A30)

Wortschatz: Redemittel zu Restaurant
Grammatik: Satzbau

[1] [2] Im ersten Teil sind Sätze zu sehen, bei denen einige Wörter fehlen. Die Wörter können im Plenum ergänzt werden und KL kann die Lösungen dann durch einen Klick auf die Lücken erscheinen lassen. Anschließend können KT die Minidialoge mit verteilten Rollen vorlesen.

[3] [4] In Teil zwei sollen KT die Sätze des Kellners ergänzen (im Plenum oder in Kleingruppenarbeit). Zur Kontrolle lassen sich die Lösungen anzeigen, indem man auf die Lücken klickt.

Aufgabe 3: Essen und Trinken (Seite 103/C7)

Wortschatz: Verben zu den Themen *Essen, Trinken* und *Einkaufen*
Grammatik: Konjugation der Verben mit und ohne Vokalwechsel im Präsens

[1]–[3] In dieser Aufgabe sollen KT anhand der Zeichnungen Sätze mit den genannten Verben bilden, die bereits aus Aufgabe 5 bekannt sind.

Kapitel 5

Aufgabe 1: Wie spät ist es? (Seite 112/A5)

Wortschatz: Uhrzeit

[1] [2] In dieser Aufgabe sollen KT die Zeitangaben wiederholen. Auf den Folien sind Uhren zu sehen, welche verschiedene Zeiten abbilden. Durch einen Klick auf die Lücken unterhalb der Uhren erscheinen die Lösungen. KL kann auch hier einige zusätzliche Fragen stellen, z. B. *Was machen Sie heute zu diesem Zeitpunkt?/Was haben Sie heute zu diesem Zeitpunkt gemacht?*

Aufgabe 2: Die Uhrzeit und das Perfekt (Seite 119/A18–A19)

Wortschatz: Uhrzeit, Alltagstätigkeiten
Grammatik: Perfekt, Satzbau

[1]–[5] Auf diesen Folien befinden sich insgesamt zehn Abbildungen mit Name und Uhrzeit. Mithilfe der Vorgaben sollen KT sagen, wer gestern wann was gemacht hat. KT bilden Sätze im Plenum oder in Einzelarbeit. Dann kann KL die Lösungsvorschläge durch einen Klick auf die Lücken erscheinen lassen.

[W] In lernstarken Gruppen kann KL KT auffordern, die Sätze mit neuen Wörtern zu erweitern, z. B. *Herr Roth hat heute Nachmittag von 14.00 bis 18.30 Uhr Blumen und Häuser fotografiert.* KT arbeiten in Kleingruppen und erweitern zwei bis drei Sätze (evtl. als Wettbewerb). Anschließend werden die Sätze im Plenum vorgelesen und ggf. korrigiert.

Aufgabe 3: Die Modalverben (Seite 131/C3–C4)

Wortschatz: Alltagstätigkeiten
Grammatik: Modalverben im Präsens, Satzbau

[1] [2] In dieser Aufgabe sollen KT Sätze mit Modalverben bilden. Sie kann schriftlich gelöst werden. Jede/Jeder KT schreibt in Einzelarbeit auf Grundlage der Vorgaben Sätze. KT lesen anschließend im Plenum ihre Sätze vor. KL prüft und korrigiert ggf. die Sätze. Durch einen Klick auf die Lücken werden die Lösungen eingeblendet.

Aufgabe 4: Pauls Tag (Seite 110/A1, Seite 118/A17)

Thema: Uhrzeit, Tagesablauf
Grammatik: Präsens oder Perfekt, trennbare und untrennbare Verben, Satzbau

In dieser Übung sollen KT Pauls Tagesablauf am Montag beschreiben. KT bilden Kleingruppen und schreiben auf, was Paul wann gemacht hat. Am Ende wird er im Plenum vorgestellt.

[W] KL kann fragen, was Paul an den restlichen Tagen der Woche macht. Jede Gruppe kann sich für Dienstag, Mittwoch usw. etwas überlegen und dann im Plenum berichten. KT können sich gegenseitig Fragen stellen, z. B. *Wann steht Paul am Donnerstag auf? / Wann ist Paul am Donnerstag aufgestanden?*

Kapitel 6

Aufgabe 1: Die Zeit (Seite 142–143)

Wortschatz: Zeitabschnitte (Tageszeit, Monat, Jahreszeit)
Grammatik: Einige Regeln zur Artikelbestimmung

[1] [2] Folie eins zeigt eine Zeichnung mit den vier Jahreszeiten. KT sollen die Jahreszeiten benennen. Per Klick auf die Lücken lassen sich die Lösungen einblenden. KL kann darauf hinweisen, dass alle Nomen maskulin sind. Als weiterführende Übung kann KL eventuell die folgenden Fragen stellen: *Was kann man in den verschiedenen Jahreszeiten machen? Was machen die Leute in Ihrem Heimatland im Winter/Sommer?* usw. KT diskutieren in Kleingruppen und stellen die interessanten Informationen im Plenum vor. Auf der zweiten Folie sollen die KT Monate eintragen. Die Monate können im Plenum den Jahreszeiten zugeordnet werden.

[3] [4] Im zweiten Teil der Aufgabe sollen KT die Wochentage und die Tageszeiten ergänzen. Die Lösungen erscheinen durch einen Klick auf die Lücken. Hier kann KL wieder die Frage stellen: *Was machen Sie an diesen Tagen/zu diesen Tageszeiten?* KT1 sagt, was sie/er zu einer bestimmten Tageszeit macht, KT2 reagiert mit einem Satz, z. B. *Ja, das mache ich auch am Nachmittag/Ich mache das lieber/oft am Vormittag* und nennt eine neue Tätigkeit.

Aufgabe 2: Die Jahreszeiten und das Wetter (Seite 142/A1–A2)

Wortschatz: Wetter und Jahreszeiten
Grammatik: Konjugation im Präsens, unpersönliche Formulierungen mit *es*

In dieser Aufgabe sollen KT die Jahreszeiten beschreiben und dabei die Sätze zu den Wettererscheinungen wiederholen. Die Aufgabe kann am besten im Plenum durchgeführt werden: KT ergänzen der Reihe nach einen Satz.

Aufgabe 3: Die Farben (Seite 148/A14–A15, 149/A17)

Wortschatz: Farben und einige Gebrauchsgegenstände
Grammatik: Formen des Adjektivs

[1]–[3] Auf den Folien 1 bis 3 ergänzen KT die Wörter in Einzelarbeit und notieren sie. Bei jeder Farbe ist der Anfang vorgegeben. KT vergleichen ihre Lösungen mit denen der Nachbarin/des Nachbarn. Anschließend lässt KL die Lösungen durch einen Klick auf die Lücken erscheinen.

[4] Im zweiten Teil der Aufgabe sollen KT zunächst die Farben der Kleidungsstücke benennen. Die Lösungen erscheinen per Klick auf die Lücke. Anschließend werden die Farben in dem Spiel *Ich packe meinen Koffer* dekliniert. Dabei sollen KT nicht nur die Vorgaben auf der Folie benutzen, sondern weitere farbige Gegenstände in ihren Koffer packen.

Kapitel 7

Aufgabe 1: Wo kann man das tun? (Seite 171/A2)

Wortschatz: Wohnung, Alltagstätigkeiten
Grammatik: Dativ mit Wechselpräpositionen, Modalverben im Präsens

[1]–[3] In dieser Aufgabe sollen KT sagen, in welchem Teil der Wohnung man was tun kann (siehe Beispiel). Anhand der Abbildungen können KT im Plenum Sätze bilden (verschiedene Lösungen sind möglich); KL kann die Lösungsvorschläge durch einen Klick auf die Lücken erscheinen lassen.

[W] Danach können KT mit dem folgenden (evtl. als Wettbewerb durchgeführten) Spiel weitere Verben sammeln: Es werden zwei Gruppen gebildet. Eine/Ein KT stellt sich in die Mitte und mimt eine Tätigkeit. Ihre/Seine eigene Gruppe soll die Tätigkeit mit einem Satz beschreiben, z. B. *KT 4 sieht im Wohnzimmer fern.* Wenn der Satz grammatikalisch falsch ist, darf die andere Gruppe korrigieren. Für jeden grammatikalisch korrekten Satz bekommt die Gruppe einen Punkt.

Aufgabe 2: Komparation (Seite 177/A14, 192/C14)

Wortschatz: Adjektive, die Menschen und Häuser beschreiben
Grammatik: Komparation, Satzbau

[1] [2] In Teil eins sollen KT zunächst den Komparativ der vorgegebenen Adjektive bilden. Anschließend sollen sie mithilfe der Adjektive die beiden abgebildeten Häuser vergleichen. Die Aufgabe kann im Plenum gelöst werden. Die Lösungen können durch einen Klick auf die Lücken angezeigt werden.

[3] Im zweiten Teil sollen KT drei Personen vergleichen. Die Aufgabe kann ebenfalls im Plenum bearbeitet werden.

[W] KT bilden Kleingruppen und erfinden eine Identität und einen Wohnort für die Menschen auf Folie drei. (Sie können entscheiden, wer in welchem Haus wohnt, wie ihr/sein Wohnzimmer aussieht usw.) Auf diese Weise können auch die Bezeichnungen für die Möbelstücke und Zimmer bzw. die lokalen Präpositionen wiederholt werden. Die Informationen werden im Plenum vorgestellt. Als Hausaufgabe kann KL KT auffordern, einen früheren Wohnort mit dem jetzigen Wohnort oder dem eines Familienmitgliedes zu vergleichen. Um die Vergleiche zu illustrieren, können KT Fotos im Unterricht zeigen.

Aufgabe 3: Wohin? (Seite 180/A20, Seite 188/C4)

Wortschatz: Gegenstände, Positionsverben wie *stellen, legen* usw.
Grammatik: Akkusativ nach Wechselpräpositionen, Satzbau

[1] [2] KT bilden Sätze mit den entsprechenden Präpositionen. Es gibt keine vorgegebenen Lösungen. Um die richtige Präposition zu finden, sollen KT Fragen mit *Wohin?* stellen, z. B. *Wohin stellst du die Flasche?*

[W] Jede/Jeder KT (bei mehr als neun KT: jede Zweiergruppe) bekommt eine Präposition, mit der sie/er innerhalb einer vorgegebenen Zeit (ca. 10 Minuten) möglichst viele Sätze bilden und notieren soll. Die Sätze werden im Plenum vorgelesen und ggf. korrigiert.
Variante: KT laufen im Kursraum herum, lesen sich ihre Sätze vor und entscheiden, welche Sätze richtig sind und welche korrigiert werden müssen. Die fehlerhaften Sätze werden verbessert. Nach zwei bis drei Runden sollten alle Sätze fehlerfrei sein. Zum Schluss werden die Sätze im Plenum vorgelesen.

Aufgabe 4: Wo? (Seite 180/A20, Seite 188/C4)

Wortschatz: Gegenstände, Positionsverben wie *stehen, liegen* usw.
Grammatik: Dativ nach Wechselpräpositionen, Satzbau

[1] [2] KT bilden notieren einer vorgegebenen Zeit zu jeder Zeichnung einen Satz. Die Sätze werden anschließend in Kleingruppen diskutiert, ggf. korrigiert und anschließend im Plenum besprochen. Am Ende werden korrekte Sätze auf das Board geschrieben.

Aufgabe 5: Nachbarn (Seite 185 ff.)

Wortschatz: Personenbeschreibung, Wohnungsbeschreibung
Grammatik: Präpositionen, Konjugation im Präsens und im Perfekt

Diese Aufgabe eignet sich zur intensiven Wortschatzwiederholung. Auf der Folie sind vier Abbildungen von Menschen zu sehen. Diese Menschen sind Nachbarn. KT arbeiten in Kleingruppen. Jede Gruppe wählt eine Person aus, die sie näher beschreiben möchte. KL kann zusätzlich verschiedene Anhaltspunkte an die Tafel schreiben: *Name, Alter, Beruf, Lebenslauf, Hobbys, Urlaubspläne, Wie sieht das Wohnzimmer dieser Person aus?* usw.
KT schreiben einige Sätze über die ausgewählte Person. KL könnte in dieser Phase die Texte korrigieren, sodass dann mit korrekten Texten weitergearbeitet werden kann. Es werden neue Kleingruppen gebildet, in denen jeweils auch ein Mitglied der alten Kleingruppe ist. KT stellen der neuen Kleingruppe ihre Person vor (dann kennt jede/jeder KT alle Personen) und stellen sich gegenseitig Fragen. Die Texte können danach im Raum ausgehängt werden.

[W] KL könnte KT auffordern, über die eigenen Nachbarn zu berichten.

Kapitel 8

Aufgabe 1: Was kann man kaufen? (Seite 200/A7)

Wortschatz: Lebensmittel und andere Produkte
Grammatik: Akkusativ- und Dativergänzungen

In dieser Aufgabe sammeln KT Wörter zu verschiedenen Geschäften. Sie können z. B. Kleingruppen bilden und pro Gruppe Wortschatz zu einem bestimmten Geschäft sammeln. Sie können dabei auch das Wörterbuch nutzen. KT präsentieren die Wörter im Plenum. Anschließend können KT über ihre eigenen Erfahrungen sprechen und sagen, was sie in diesen Geschäften beim letzten Einkauf gekauft haben. Diese Übung kann im Plenum oder folgendermaßen durchgeführt werden (evtl. als Wettbewerb): KT arbeiten in Zweiergruppen, KT1 ist die Reporterin/der Reporter, KT2 ist die/der Befragte. Die Reporterin/Der Reporter stellt der/dem Befragten innerhalb einer vorgegebenen Zeit (ca. 10 Minuten) möglichst viele Fragen zum Thema *Einkaufen*. Danach berichten alle Reporter im Plenum über die Einkaufsgewohnheiten der Befragten. Die Gruppe, in welcher die Reporterin/der Reporter die meisten Informationen gesammelt hat, gewinnt das Spiel.

Aufgabe 2: Die Körperteile (Seite 202/A11)

Wortschatz: Körperteile

In dieser Übung ist die Zeichnung eines Mannes wie in Aufgabe A11 (Seite 202) zu sehen. Die Bezeichnungen der Körperteile fehlen. KT gehen der Reihe nach an das Board und ergänzen ein Wort mit der Stift-Funktion. KL kann ggf. korrigieren.

[W] KL kann eine yogaähnliche Entspannungsübung einsetzen: *Schließen Sie die Augen. Entspannen Sie Ihre Zehen/Füße/Beine* usw. Auf diese Weise nennt sie/er alle Körperteile von unten nach oben. Am Ende sagt sie/er: *Atmen Sie ein paar Mal ruhig ein und aus. Öffnen Sie dann die Augen.* Diese kurze Übung hilft nicht nur, sich die Namen für die Körperteile einzuprägen, sondern hat auch positive Effekte auf die Konzentration der KT. Als weiterführende Übung zu dieser Folie eignet sich auch Arbeitsblatt 5, Seite 162 im Handbuch.

Aufgabe 3: Einen Termin beim Arzt vereinbaren (nach Seite 204/A14)

Wortschatz: Einen Termin beim Arzt vereinbaren
Grammatik: Fragen und Antworten

[1] [2] Diese Aufgabe enthält den Dialog aus Aufgabe A14 (Seite 204). Es fehlen insgesamt acht Wörter, die im Plenum ergänzt werden sollen. Zur Kontrolle können die Lösungen angezeigt werden, indem man auf die Lücken klickt. Anschließend können KT den Dialog nachspielen.

Aufgabe 4: Das Präteritum der Modalverben (Seite 215/C5–C6)

Wortschatz: Alltagstätigkeiten
Grammatik: Präteritum der Modalverben, Satzbau

[1]–[3] Auf diesen drei Folien arbeiten KT in Zweiergruppen und bilden mithilfe der Vorgaben zu jedem Bild einen Satz. Danach werden neue Zweiergruppen gebildet. Die Zweiergruppen kontrollieren und korrigieren die Sätze. Danach werden sie im Plenum besprochen und ggf. korrigiert. Alternativ können KT in ihre ursprüngliche Gruppe zurückkehren und dort die Korrekturen vergleichen, bevor die Lösungen im Plenum besprochen werden.

Städte buchstabieren

Karte 1	Karte 2	Karte 3	Karte 4
Kapstadt	Wien	Budapest	Kairo
Karte 5	**Karte 6**	**Karte 7**	**Karte 8**
Amsterdam	Ottawa	Brüssel	Los Angeles
Karte 9	**Karte 10**	**Karte 11**	**Karte 12**
London	Neu-Delhi	Bagdad	Jerusalem
Karte 13	**Karte 14**	**Karte 15**	**Karte 16**
Buenos Aires	Warschau	Moskau	Dresden

Wie heißen die Berufe?

Nennen Sie die maskuline und die feminine Form.

		Mann	Frau
1.	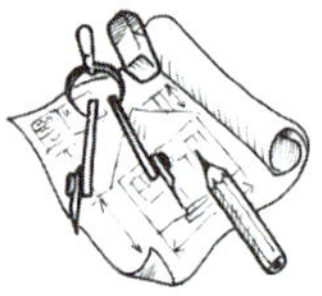	....	....
2.		....	....
3.		....	....
4.	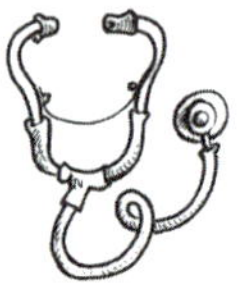	....	....
5.		....	....
6.		....	....
7.		....	....
8.		....	....
9.	Sie	....	....
10.	Ihre Nachbarin/ Ihr Nachbar	....	....

Länder und Sprachen

Karte A	Karte B	Karte A	Karte B
Spanien	Spanisch	***Tunesien***	Arabisch
Karte A	Karte B	Karte A	Karte B
Frankreich	Französisch	***Russland***	Russisch
Karte A	Karte B	Karte A	Karte B
USA	Englisch	***Polen***	Polnisch
Karte A	Karte B	Karte A	Karte B
China	Chinesisch	***Portugal***	Portugiesisch

Zahlenbingo

1	2	3	4	5	6	7	8	9	10
11	12	13	14	15	16	17	18	19	20
21	22	23	24	25	26	27	28	29	30
31	32	33	34	35	36	37	38	39	40
41	42	43	44	45	46	47	48	49	50
51	52	53	54	55	56	57	58	59	60
61	62	63	64	65	66	67	68	69	70
71	72	73	74	75	76	77	78	79	80
81	82	83	84	85	86	87	88	89	90
91	92	93	94	95	96	97	98	99	100

Familie Behrens

Marta
Schwester von Hans
geschieden
Mathematiklehrerin
Hobbys: Gitarre spielen, Musik hören

Ich heiße Marta.
Ich bin …

Martin
Bruder von Hans
Informatik studieren (Bremen)
ledig
Fremdsprache: Englisch
Hobby: Online-Texte schreiben

Hans Behrens
Chemiker bei BASF in Ludwigshafen
verheiratet mit Susanne
zwei Kinder
Hobbys: Tennis spielen, Sprachen lernen

Susanne
Frau von Hans
Mutter von Maximilian und Marie
Managerin bei BASF
Hobby: Kriminalromane lesen

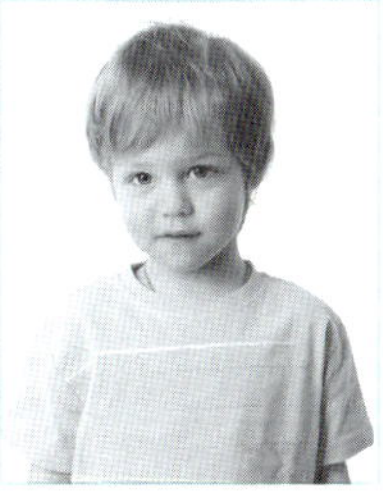

Maximilian
Sohn von Hans und Susanne
Bruder von Marie
vier Jahre alt
Hobby: Fußball spielen

Marie
Tochter von Hans und Susanne
Schwester von Maximilian
acht Jahre alt
Hobby: im Chor singen

Welche Antwort passt? [A]

1. Stellen Sie Ihrer Nachbarin/Ihrem Nachbarn folgende Fragen und notieren Sie ihre/seine Antwort.

Frage	Antwort
1. Ist das Ihre Tochter?	....
2. Studierst du Informatik?	....
3. Wie ist Ihre Telefonnummer?	....
4. Sind Sie Kellnerin?	....
5. Lesen Sie gern deutsche Literatur?	....

2. Ihre Nachbarin/Ihr Nachbar stellt Ihnen einige Fragen.
Hören Sie zu und wählen Sie die passende Antwort. Schreiben Sie dann die Frage.

Frage	Antwort
1.	a) In Belgien. b) Vier.
2.	a) Wir spielen Tennis. b) Ich spiele Trompete.
3.	a) Ja, sie kommt aus Frankfurt. b) Nein, er kommt aus Freiburg.
4.	a) Nein, ich bin 56. b) Nein, ich bin geschieden.
5.	a) Nein, mit Karl. b) Ja, sie ist alt.

Welche Antwort passt? [B]

1. Ihre Nachbarin/Ihr Nachbar stellt Ihnen einige Fragen.
   Hören Sie zu und wählen Sie die passende Antwort. Schreiben Sie dann die Frage.

Frage	Antwort
1.	a) Ja, sie ist zwei Jahre alt. b) Nein, sie wohnt in Berlin.
2.	a) Ja. Du auch? b) Nein, ich heiße Joseph.
3.	a) Danke. b) 7 85 44.
4.	a) Nein, ich bin Taxifahrerin. b) Ja, ich spreche sehr gut Griechisch.
5.	a) Ja, ich lese gern deutsche Literatur. b) Ja, ich bin Sekretärin.

2. Stellen Sie Ihrer Nachbarin/Ihrem Nachbarn folgende Fragen und notieren Sie ihre/seine Antwort.

Frage	Antwort
1. Wie viele Sprachen sprichst du?	....
2. Was ist dein Hobby?	....
3. Kommt Helmut auch aus Frankfurt?	....
4. Bist du ledig?	....
5. Ist Ulrike mit Paul verheiratet?	....

Infobörse

Sammeln Sie Informationen über Ihre Gruppe und berichten Sie.

Name: ....

Beruf: ....

Wohnort: ....

Telefonnummer: ....

E-Mail-Adresse: ....

Sprachen: ....

Hobbys (Musik, Sport, Lektüre):

....

....

....

Name: ....

Beruf: ....

Wohnort: ....

Telefonnummer: ....

E-Mail-Adresse: ....

Sprachen: ....

Hobbys (Musik, Sport, Lektüre):

....

....

....

Name: ....

Beruf: ....

Wohnort: ....

Telefonnummer: ....

E-Mail-Adresse: ....

Sprachen: ....

Hobbys (Musik, Sport, Lektüre):

....

....

....

Name: ....

Beruf: ....

Wohnort: ....

Telefonnummer: ....

E-Mail-Adresse: ....

Sprachen: ....

Hobbys (Musik, Sport, Lektüre):

....

....

....

Wer sind diese Menschen?

Diskutieren Sie in Kleingruppen und erfinden Sie eine Identität für diese Menschen. Beantworten Sie folgende Fragen.

- Wie heißt er/sie? ....
- Wo wohnt er/sie? ....
- Woher kommt er/sie? ....
- Was ist seine/ihre Muttersprache? ....
- Was ist er/sie von Beruf? ....
- Wie alt ist er/sie? ....
- Hat er/sie Hobbys? Wenn ja, was? ....
- Welche Sprachen spricht er/sie? ....

1

2

3

4

5

6

Satzbautraining [A]

1. Kontrollieren Sie die Sätze Ihrer Nachbarin/Ihres Nachbarn.

(1) Ich spreche ein bisschen Deutsch.

ich → er

(2) Er spricht ein bisschen Deutsch.

. → ?

(3) Spricht er ein bisschen Deutsch?

er → du | ein bisschen → gut

(4) Sprichst du gut Deutsch?

du → wir | ? → .

(5) Wir sprechen gut Deutsch.

wir → ihr | Deutsch → Englisch

(6) Ihr sprecht gut Englisch.

2. Bilden Sie Sätze. Verändern Sie immer nur die vorgegebenen Wörter.

(1) Meine Tochter schreibt Gedichte.

Tochter → Sohn

(2) ....

Gedichte schreiben → Kriminalromane sammeln

(3) ....

Sohn → wir | sammeln → lesen

(4) ....

wir → du | . → ?

(5) ....

du → Sie

(6) ....

Satzbautraining [B]

1. Bilden Sie Sätze. Verändern Sie immer nur die vorgegebenen Wörter.

(1) Ich spreche ein bisschen Deutsch.

ich → er

(2) ....

. → ?

(3) ....

er → du | ein bisschen → gut

(4) ....

du → wir | ? → .

(5) ....

wir → ihr | Deutsch → Englisch

(6) ....

2. Kontrollieren Sie die Sätze Ihrer Nachbarin/Ihres Nachbarn.

(1) Meine Tochter schreibt Gedichte.

Tochter → Sohn

(2) <u>Mein Sohn</u> schreibt Gedichte.

Gedichte schreiben → Kriminalromane sammeln

(3) Mein Sohn <u>sammelt Kriminalromane</u>.

Sohn → wir | sammeln → lesen

(4) <u>Wir</u> <u>lesen</u> Kriminalromane.

wir → du | . → ?

(5) <u>Liest du</u> Kriminalromane?

du → Sie

(6) <u>Lesen Sie</u> Kriminalromane?

Grammatik- und Wortschatztraining

1. Ergänzen Sie die Konjugation der regelmäßigen Verben.

		singen	spielen	lernen
Singular	ich	*singe*	....	....
	du	....	....	....
	er/sie/es	....	....	....
Plural	wir	....	....	....
	ihr	....	....	....
	sie	....	....	....
formell	Sie	....	....	....

2. Ergänzen Sie die Konjugation der unregelmäßigen Verben.

		arbeiten	heißen	lesen	sprechen	sein
Singular	ich	....	....	....	....	........!
	du	........!	........!	........!	........!	........!
	er/sie/es	........!	....	........!	........!	........!
Plural	wir	....	....	....	....	........!
	ihr	....	....	....	....	........!
	sie	....	....	....	....	........!
formell	Sie	....	....	....	....	........!

3. Sammeln Sie passende Nomen.

   1. lesen: *Romane*, ...

      ....

   2. sprechen: *Griechisch*, ...

      ....

   3. arbeiten als: *Sekretär*, ...
   4. kommen: *aus Deutschland*, ...

      ....

Wiederholungstest

1a. Ergänzen Sie die Sätze.

Ich heiße Claudia Winkler.

.... aus Düsseldorf.
.... in Berlin.
.... (030) 24 76 54 99.
.... 36 Jahre alt.
.... als Kellnerin.
.... gut Englisch und ein bisschen Finnisch.
.... Tennis und Singen.
.... Musik.
.... verheiratet.
Mein Mann .... als Busfahrer.

.... /10 Punkte

1b. Füllen Sie das Formular für Claudia aus.

Name:	*Claudia Winkler*
Alter:	....
Beruf:	....
Familienstand:	....
Adresse:	....
Hobbys:	....

.... /5 Punkte

2. Ergänzen Sie die Verben.

1. *Wohnen* Ihre Eltern auch in Hamburg? *(wohnen)*
2. Meine Tochter .... gern Gedichte. *(lesen)*
3. .... ihr Gitarre? *(spielen)*
4. .... Sie Ärztin? *(sein)*
5. Carlo .... aus Italien. *(kommen)*
6. .... du gern Sprachen? *(lernen)*

.... /5 Punkte

3. Wie heißt das Land? Wie heißt die Sprache?

Land	Sprache
Griechenland	Griechisch
....	Spanisch
Deutschland	....
....	Englisch
China	....
Italien	....
Portugal	....

.... /6 Punkte

4. Schreiben Sie die Zahlen.

a) 4 = *vier*

b) 18 = ...

c) 20 = ...

d) 53 = ...

e) 12 = ...

f) 74 = ...

g) 131 = ...

.... /6 Punkte

5. Schreiben Sie die Fragen.

1. *Wie ist Ihre/deine E-Mail-Adresse?*
Meine E-Mail-Adresse ist brigitte243@yahoo.com.

2. ....?
Nein, ich spiele lieber Tennis.

3. ....?
(045) 8 73 34 51.

4. ....?
Ich komme aus Marokko.

5. ....?
Ich arbeite bei BMW.

.... /8 Punkte

Insgesamt: .... /40 Punkte

Prüfungsvorbereitung *Goethe-Zertifikat A1: Start Deutsch 1*

1. Bitte erzählen Sie über sich. Geben Sie folgende Informationen:

- Name
- Alter
- Land
- Wohnort
- Telefonnummer/Handynummer
- Familienstand
- Muttersprache
- Fremdsprache(n)
- Beruf
- Hobby(s)

2. Sie verstehen die Antwort nicht. Was fragen Sie?

Name: *Wie bitte? Wie heißen Sie?*

Alter: *Wie bitte?* ....?

Land: ....?

Wohnort: ....?

Telefonnummer: ....?

Familienstand: ....?

Muttersprache: ....?

Fremdsprache(n): ....?

Beruf: ....?

Hobby(s): ....?

Was fehlt hier? [A]

1. Welche Gegenstände sehen Sie im Büro von Robert? Schreiben Sie eine Liste.

2. Ihre Nachbarin/Ihr Nachbar hat ein anderes Bild vom Büro.
   Welche **sieben Gegenstände** fehlen auf ihrem/seinem Arbeitsblatt? Diskutieren Sie.

Redemittel

A: Hier ist ein(e) … *(eine Lampe)*. Ist dort auch ein(e) … *(eine Lampe)*?

B: Ja, hier ist auch ein(e) … *(eine Lampe)*.

B: Nein, hier ist kein(e) … *(keine Lampe)*.
oder: Nein, hier fehlt der/die/das … *(die Lampe)*.

Was fehlt hier? [B]

1. Welche Gegenstände sehen Sie im Büro von Robert? Schreiben Sie eine Liste.

2. Ihre Nachbarin/Ihr Nachbar hat ein anderes Bild vom Büro.
   Welche **sieben Gegenstände** fehlen auf diesem Arbeitsblatt? Diskutieren Sie.

Redemittel

A: Hier ist ein(e) … *(eine Lampe)*. Ist dort auch ein(e) … *(eine Lampe)*?

B: Ja, hier ist auch ein(e) … *(eine Lampe)*.

B: Nein, hier ist kein(e) … *(keine Lampe)*.
oder: Nein, hier fehlt der/die/das … *(die Lampe)*.

Gegenteile ziehen sich an …

Karte A	Karte B	Karte A	Karte B
neu	alt	***interessant***	langweilig
Karte A	Karte B	Karte A	Karte B
schön	hässlich	***klein***	groß
Karte A	Karte B	Karte A	Karte B
bequem	unbequem	***warm***	kalt
Karte A	Karte B	Karte A	Karte B
billig	teuer	***praktisch***	unpraktisch

Wir gehen einkaufen [A]

Teil A

1. Notieren Sie zuerst die Namen der Gegenstände mit Artikel.
2. Beantworten Sie dann die Fragen Ihrer Nachbarin/Ihres Nachbarn.

1	2	3	4

die Kaffeemaschine	....	....	....
Preis: 55 Euro Land: Italien sehr modern	Preis: 199 Euro Land: Schweden schön	Preis: 23 Euro Land: Polen bequem	Preis: 10 Euro Land: Frankreich billig

Teil B

1. Notieren Sie zuerst die Namen der Gegenstände mit Artikel.
2. Diskutieren Sie dann mit Ihrer Nachbarin/Ihrem Nachbarn und ergänzen Sie die Informationen.

1	2	3	4
		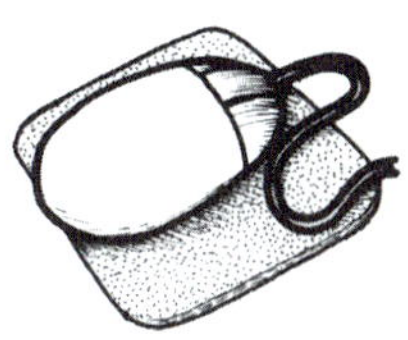	
....	....	....	....
Preis: Land: Besonderheit:	Preis: Land: Besonderheit:	Preis: Land: Besonderheit:	Preis: Land: Besonderheit:

Dialogmodell

■ Entschuldigung! Kann ich Sie etwas fragen?

□ Ja, natürlich.

■ Woher kommt der/die/das …?

□ Er/Sie/Es kommt aus *(Polen)*.

■ Ach, *(ein polnischer Stuhl)*! Und was kostet er/sie/es?

□ Er/Sie/Es kostet … Euro. Das ist *(ein bequemer Stuhl)*.

■ Ja, sicher. Vielen Dank./Danke schön./Danke sehr.

□ Bitte./Bitte sehr.

Wir gehen einkaufen [B]

Teil A

1. Notieren Sie zuerst die Namen der Gegenstände mit Artikel.
2. Diskutieren Sie dann mit Ihrer Nachbarin/Ihrem Nachbarn und ergänzen Sie die Informationen.

1	2	3	4

die Kaffeemaschine	....	....	....
Preis:	Preis:	Preis:	Preis:
Land:	Land:	Land:	Land:
Besonderheit:	Besonderheit:	Besonderheit:	Besonderheit:

Teil B

1. Notieren Sie zuerst die Namen der Gegenstände mit Artikel.
2. Beantworten Sie dann die Fragen Ihrer Nachbarin/Ihres Nachbarn.

1	2	3	4
		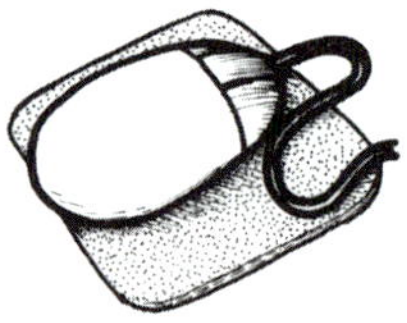	
....	....	....	....
Preis: 500 Euro	Preis: 1399 Euro	Preis: 35 Euro	Preis: 117 Euro
Land: Korea	Land: Japan	Land: Dänemark	Land: China
neu	schnell	modern	preiswert

Dialogmodell

■ Entschuldigung! Kann ich Sie etwas fragen?

□ Ja, natürlich.

■ Woher kommt der/die/das …?

□ Er/Sie/Es kommt aus *(Polen)*.

■ Ach, *(ein polnischer Stuhl)*! Und was kostet er/sie/es?

□ Er/Sie/Es kostet … Euro. Das ist *(ein bequemer Stuhl)*.

■ Ja, sicher. Vielen Dank./Danke schön./Danke sehr.

□ Bitte./Bitte sehr.

Der Campus [A]

1. Hören Sie zu und ergänzen Sie.

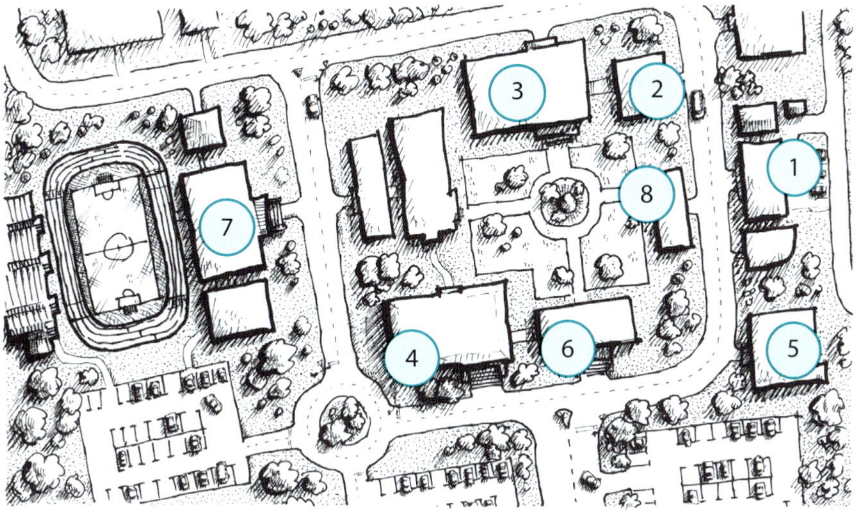

1. ....
2. ....
3. ....
4. ....
5. ....
6. ....
7. ....
8. ....

2. Diese Gegenstände findet man auf dem Campus. Ordnen Sie sie nach Artikel.

Bleistift, -e ▪ Büro, -s ▪ Computer, - ▪ Drucker, - ▪ Fußball, ⸚e ▪ Kaffeemaschine, -n ▪ Kugelschreiber, - ▪ Lampe, -n ▪ Papier, -e ▪ Rechnung, -en ▪ Regal, -e ▪ Roman, -e ▪ Schreibtisch, -e ▪ Sprachbuch, ⸚er ▪ Stuhl, ⸚e ▪ Telefon, -e ▪ Terminkalender, - ▪ Tisch, -e ▪ Wörterbuch, ⸚er ▪ Zeitung, -en

maskulin

der Bleistift, -e

feminin

neutral

3. Stellen Sie das Gebäude auf Ihrer Karte vor.
Was kann man dort machen? Welche Gegenstände sind dort?

Das ist … Hier kann man … Hier ist (k)ein/e … *(Tisch)*. Hier sind (keine) … *(Bücher)*.

Beispiel: *Das ist unsere Cafeteria. Hier kann man Kaffee und Cola trinken und etwas essen. Hier sind Tische und Stühle und eine (große) Kaffeemaschine.*

Der Campus [B]

Karte 1	Karte 2
Sekretariat	**Verwaltung**

Karte 3	Karte 4
Bibliothek	**Sprachenzentrum**

Karte 5	Karte 6
Kantine	**Mensa**

Karte 7	Karte 8
Sporthalle	**Cafeteria**

Hobbys

1. Nennen Sie die Hobbys.

1

Auto fahren

2

3

4

5

6

7

8

9

10

11

12

2. Würfeln Sie und formulieren Sie Sätze.

1 = ich	4 = wir
2 = du	5 = ihr
3 = er, sie, es	6 = Sie, sie

In der Cafeteria

1. Spielen Sie diesen Dialog.

(trinken?)

(Tee)

(Programm für heute Nachmittag?)

(ein bisschen arbeiten/
Sport treiben: Volleyball spielen/
Sie – Sport treiben?)

(ja, ein bisschen joggen/lieber Trompete
spielen/Sie – Musik machen?)

(ein bisschen singen/
aber: nicht viel Zeit haben/
Dänisch lernen)

(interessant!
sehr gut Russisch, ein bisschen
Französisch, aber kein Dänisch
sprechen/
Sie – am Wochenende – machen?)

(nach Kopenhagen fliegen)

2. Spielen Sie den Dialog noch einmal. Sagen Sie jetzt die Wahrheit.

Das kann man …

Karte 1
Fremdsprachen
Hip-Hop

Karte 2
Blues
Schach

Karte 3
Gymnastik
Musik

Karte 4
Gitarre
Portugiesisch

Karte 5
Trompete
Gedichte

Karte 6
Musik
Salsa

Karte 7
Fußball
Zeitung

Karte 8
Literatur
Fahrrad

Karte 9
Tango
Mathematik

Karte 10
Deutsch
Karten

Karte 11
klassische Musik
Golf

Karte 12
Saxofon
Motorrad

Karte 13
Ski
Romane

Karte 14
Volleyball
Englisch

Karte 15
Sport
Kaffee

Karte 16
Latein
Auto

Dominospiel

spricht sehr gut Polnisch.	Am Montag lerne	ich Chinesisch.	Katja schwimmt
am Dienstag.	Was machen	Sie am Mittwoch?	Kannst du
Tango tanzen?	Wir fahren	gern Motorrad.	Sammelt er
auch Briefmarken?	Am Wochenende fährt	sie nach Leipzig.	Am Freitag spielen
wir oft Fußball.	Haben Sie	auch ein Hobby?	Ich kann leider
nicht gut kochen.	Arbeitest du	auch am Samstag?	Mein Drucker
funktioniert nicht.	Herr und Frau Meyer	können gut Klavier spielen.	Meine Tochter

Satzbautraining [A]

1. Kontrollieren Sie die Sätze Ihrer Nachbarin/Ihres Nachbarn.

(1) Ich studiere in Freiburg Medizin, aber meine Eltern wohnen in Bremen.

ich → du

(2) Du studierst in Freiburg Medizin, aber deine Eltern wohnen in Bremen.

Medizin → Architektur

(3) Du studierst in Freiburg Architektur, aber deine Eltern wohnen in Bremen.

du → er | Eltern → Freundin

(4) Er studiert in Freiburg Architektur, aber seine Freundin wohnt in Bremen.

Architektur studieren → als Architekt arbeiten

(5) Er arbeitet in Freiburg als Architekt, aber seine Freundin wohnt in Bremen.

er → sie | Freundin → Freund

(6) Sie arbeitet in Freiburg als Architektin, aber ihr Freund wohnt in Bremen.

Bremen → Schweiz

(7) Sie arbeitet in Freiburg als Architektin, aber ihr Freund wohnt in der Schweiz.

2. Bilden Sie Sätze. Verändern Sie immer nur die vorgegebenen Wörter.

(1) Ich habe einen schönen Schreibtisch, aber ich brauche einen neuen Stuhl.

Schreibtisch → Zimmer

(2) ....

Stuhl → Computer

(3) ....

ich → wir | schön → groß

(4) ....

wir → du

(5) ....

brauchen → möchten | neu → modern

(6) ....

du → er

(7) ....

Satzbautraining [B]

1. Bilden Sie Sätze. Verändern Sie immer nur die vorgegebenen Wörter.

(1) Ich studiere in Freiburg Medizin, aber meine Eltern wohnen in Bremen.

ich → du

(2) ....

Medizin → Architektur

(3) ....

du → er | Eltern → Freundin

(4) ....

Architektur studieren → als Architekt arbeiten

(5) ....

er → sie | Freundin → Freund

(6) ....

Bremen → Schweiz

(7) ....

2. Kontrollieren Sie die Sätze Ihrer Nachbarin/Ihres Nachbarn.

(1) Ich habe einen schönen Schreibtisch, aber ich brauche einen neuen Stuhl.

Schreibtisch → Zimmer

(2) Ich habe ein schönes Zimmer, aber ich brauche einen neuen Stuhl.

Stuhl → Computer

(3) Ich habe ein schönes Zimmer, aber ich brauche einen neuen Computer.

ich → wir | schön → groß

(4) Wir haben ein großes Zimmer, aber wir brauchen einen neuen Computer.

wir → du

(5) Du hast ein großes Zimmer, aber du brauchst einen neuen Computer.

brauchen → möchten | neu → modern

(6) Du hast ein schönes Zimmer, aber du möchtest einen modernen Computer.

du → er

(7) Er hat ein schönes Zimmer, aber er möchte einen modernen Computer.

Grammatik- und Wortschatztraining

1. Ergänzen Sie die Possessivartikel.

	maskulin	feminin	neutral	Plural
ich und	*mein* Vater	.... Mutter	.... Kind	.... Freunde
du und	.... Vater	.... Mutter	.... Kind	.... Freunde
er/es und	.... Vater	.... Mutter	.... Kind	.... Freunde
sie und	.... Vater	.... Mutter	.... Kind	.... Freunde
wir und	.... Vater	.... Mutter	.... Kind	.... Freunde
ihr und	.... Vater	.... Mutter	.... Kind	.... Freunde
sie und	.... Vater	.... Mutter	.... Kind	.... Freunde
Sie und	.... Vater	.... Mutter	.... Kind	.... Freunde

2. Sammeln Sie passende Nomen. Achten Sie auf den Artikel.

   1. Mein … funktioniert gut. *Computer, Drucker,* ....
   2. Deine … lernt Japanisch. ....
   3. Ihr … ist schön. ....
   4. Seine … kostet 200 Euro. ....
   5. Unsere … geht nicht. ....
   6. Euer … raucht sehr viel. ....
   7. Ihre … sind kaputt. ....

Wiederholungstest

1. Wie heißen die Gegenstände? Schreiben Sie auch den Artikel.

1	2	3	4	5	6

die Kaffeemaschine	....	....	....	....	....

.... /5 Punkte

2. *Kein(e)* oder *nicht*? Ergänzen Sie.
   1. Das ist *kein* Kugelschreiber, das ist ein Bleistift.
   2. Ich rauche ....
   3. Mein Bruder kann .... singen.
   4. Der Bürostuhl ist .... billig, er ist teuer.
   5. Hier steht .... Schreibtisch.
   6. Unsere Freunde spielen .... gern Volleyball.

.... /5 Punkte

3. Bilden Sie Sätze.
   1. er – kommen – aus Deutschland?
      Kommt er aus Deutschland?
   2. wir – hören – gern – Rockmusik
      ....
   3. der Drucker – sein – kaputt
      ....
   4. ich – können – gut – schwimmen
      ....
   5. Sie – können – Klavier spielen?
      ....
   6. Clara – fahren – am Dienstag – nach Dortmund
      ....

.... /10 Punkte

4. Ergänzen Sie den Possessivartikel.

1. *Mein* Telefon funktioniert nicht. *(ich)*
2. .... Nachbarin kann gut Salsa tanzen. *(sie)*
3. .... Mann und ich arbeiten zusammen. *(sie)*
4. .... altes Auto ist schön. *(ihr)*
5. .... Tochter sammelt Briefmarken. *(wir)*
6. .... Telefonnummer ist 4 55 38 71. *(ich)*

.... /5 Punkte

5. Ergänzen Sie die richtige Verbform.

1. Ich *koche* sehr gern.
2. .... ihr auch gern?
3. Nein, wir .... nicht gern.
4. Dieter kann sehr gut ....

5. Dagmar und Manfred .... gern Freunde.
6. Meine Schwester .... gern Freunde.
7. .... Sie auch gern Freunde?
8. Am Samstag .... meine Eltern Freunde.

9. Markus .... gern Auto.
10. .... du auch gern Auto?
11. Ja, ich .... gern Auto.

.... /10 Punkte

6. Ergänzen Sie das passende Wort.

1. *Was* kostet der Bücherschrank?
   a) ☐ Wer b) ☒ Was c) ☐ Wie
2. Ich habe ein .... Problem.
   a) ☐ schönes b) ☐ großes c) ☐ dunkles
3. Das Buch ist nicht interessant, es ist ....
   a) ☐ praktisch. b) ☐ teuer. c) ☐ langweilig.
4. Das Wochenende ist der Samstag und der ....
   a) ☐ Montag. b) ☐ Mittwoch. c) ☐ Sonntag.
5. Am Dienstag lernen .... Japanisch.
   a) ☐ ihr b) ☐ wir c) ☐ du
6. Mein Stuhl ist unbequem. Ich kann nicht ....
   a) ☐ stehen. b) ☐ sehen. c) ☐ sitzen.

.... /5 Punkte

Insgesamt: .... /40 Punkte

Prüfungsvorbereitung *Goethe-Zertifikat A1: Start Deutsch 1*

Freizeit	Freizeit	Freizeit
Hobby	**Sport**	**Musik**
Freizeit	Freizeit	Freizeit
Instrument	**Freund/ Freundin**	**Sonntag**
Freizeit	Freizeit	Freizeit
tanzen	**Bücher**	**Computer**
Freizeit	Freizeit	Freizeit
Fotos	**Sprachen**	**sammeln**

Im Hotel

Spielen Sie diesen Dialog.

Gast

(Zimmer frei?)

(Ja./
Einzelzimmer oder Doppelzimmer?)

(Einzelzimmer)

(wie viele Nächte?)

(eine Nacht
Preis?)

Rezeptionist

(55 Euro)

(mit oder ohne Frühstück?)

(mit Frühstück/
Kreditkarte oder bar?)

(Kreditkarte)

(Adresse?)

(Schillerplatz 32, Magdeburg)

(Zimmerschlüssel: Zimmer 214/
gute Nacht!)

Nominativ oder Akkusativ?

Ergänzen Sie die Tabelle. Unterstreichen Sie den Akkusativ.

Ich habe ein Problem.
Gibt es hier ein Hotelrestaurant?
Gut, wir nehmen das Zimmer.
Lesen Sie die E-Mail von Klara.
Er ist der neue Informatiker.
Der Preis ist inklusive Frühstück.
Brauchst du meine Handynummer?
Lesen Sie den Text.
Trinken Sie auch einen Kaffee?
Kyoto ist eine japanische Stadt.
Am Freitag besuche ich den Englischen Garten.
Ich schreibe einen Kriminalroman.
Ich rauche fünf Zigaretten pro Tag.
Ich zahle mit Kreditkarte.
Hören Sie den Dialog.
Spielen Sie kurze Gespräche.
Kommst du auch aus Köln?

Im Satz ist kein Akkusativ.	
Er ist der neue Informatiker.	(*sein* + Nominativ)

Im Satz gibt es einen Akkusativ.	
Ich habe ein Problem.	(*haben* + Akkusativ)

Haben Sie das in Ihrer Tasche?

Führen Sie kurze Gespräche. Nutzen Sie die Dialogmodelle.

1

der Stift

2

die Tabletten *(Pl.)*

3

(das) Geld

4
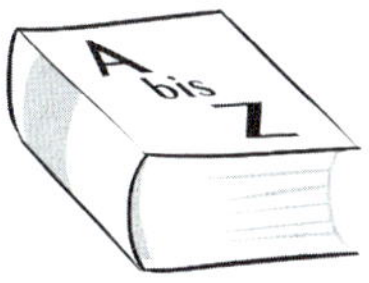

das Buch

5

der Kalender

6

das Handy

7

die Brille

8

die Geldbörse

9

der Ausweis

10

der Schlüssel

11

die Schokolade

12

....

Dialogmodelle

I. maskulin

A: Hast du/Haben Sie *einen* Bleistift dabei?

B: Ja, ich habe *einen* Bleistift dabei.
Ja, klar!/Ja, natürlich!

B: Nein, ich habe *keinen* Bleistift dabei.
Nein, leider habe ich *keinen* Bleistift dabei.

II. feminin

A: Hast du/Haben Sie *eine* Brille dabei?

B: Ja, ich habe *eine* Brille dabei.
Ja, klar!/Ja, natürlich!

B: Nein, ich habe *keine* Brille dabei.
Nein, leider habe ich *keine* Brille dabei.

III. neutral

A: Hast du/Haben Sie *ein* Wörterbuch dabei?

B: Ja, ich habe *ein* Wörterbuch dabei.
Ja, klar!/Ja, natürlich!

B: Nein, ich habe *kein* Wörterbuch dabei.
Nein, leider habe ich *kein* Wörterbuch dabei.

IV. Plural

A: Hast du/Haben Sie Fotos dabei?

B: Ja, ich habe *einige/viele* Fotos dabei.
Ja, klar!/Ja, natürlich!

B: Nein, ich habe *keine* Fotos dabei.
Nein, leider habe ich *keine* Fotos dabei.

Ja oder nein?

Karte 1

Gibt es hier auch ein Hotelrestaurant?

Karte 2

Zahlen Sie mit Kreditkarte?

Karte 3

Trinkt Clara auch ein kühles Bier?

Karte 4

Haben Sie Handtücher?

Karte 5

Möchten Sie ein Doppelzimmer?

Karte 6

Nehmt ihr auch zwei Einzelzimmer mit Dusche?

Karte 7

Brauchst du auch eine helle Lampe?

Karte 8

Machen Sie auch einen Spaziergang?

Karte 9

Finden Sie Paris schön?

Karte 10

Kommen Sie aus Teheran?

Karte 11

Möchten Sie einen neuen Fernseher?

Karte 12

Ist der Eintritt frei?

Karte 13

Liegt dein Hotel günstig?

Karte 14

Ist der Preis inklusive Frühstück?

Karte 15

Hat Ihr Zimmer einen Internetanschluss?

Karte 16

Brauchen Sie unbedingt eine Minibar?

Tauschbörse

Karte 1

eine neue Maus

Karte 2

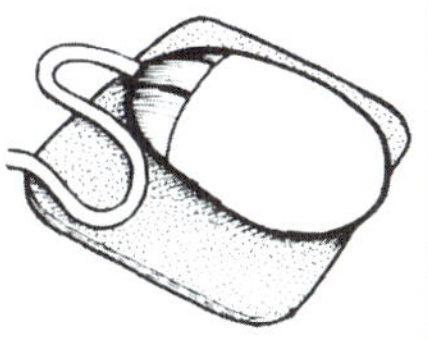

ein preiswertes Fahrrad

Karte 3

eine schöne Lampe

Karte 4

ein roter Kugelschreiber

Karte 5

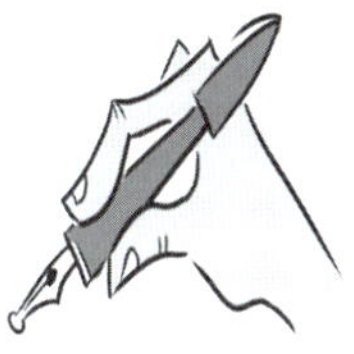

ein bequemer Bürostuhl

Karte 6

ein alter Tisch

Karte 7

ein guter Drucker

Karte 8

ein moderner Laptop

Karte 9

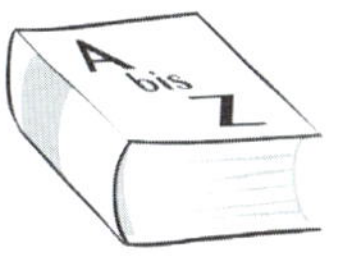

ein neuer Terminkalender

Karte 10

ein japanisches Auto

Karte 11

ein deutscher Roman

Karte 12

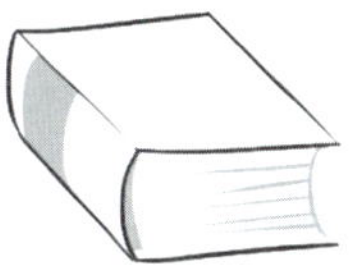

eine italienische Kaffeemaschine

Karte 13

eine alte Handtasche

Karte 14

ein preiswertes Telefon

Karte 15

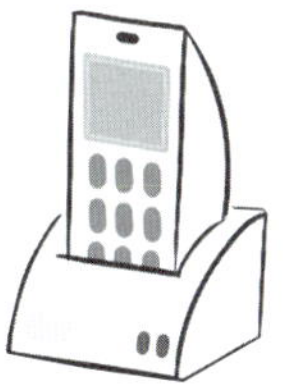

eine moderne Brille

Karte 16

ein großes Wörterbuch

Wo kann ich hier …? [A]

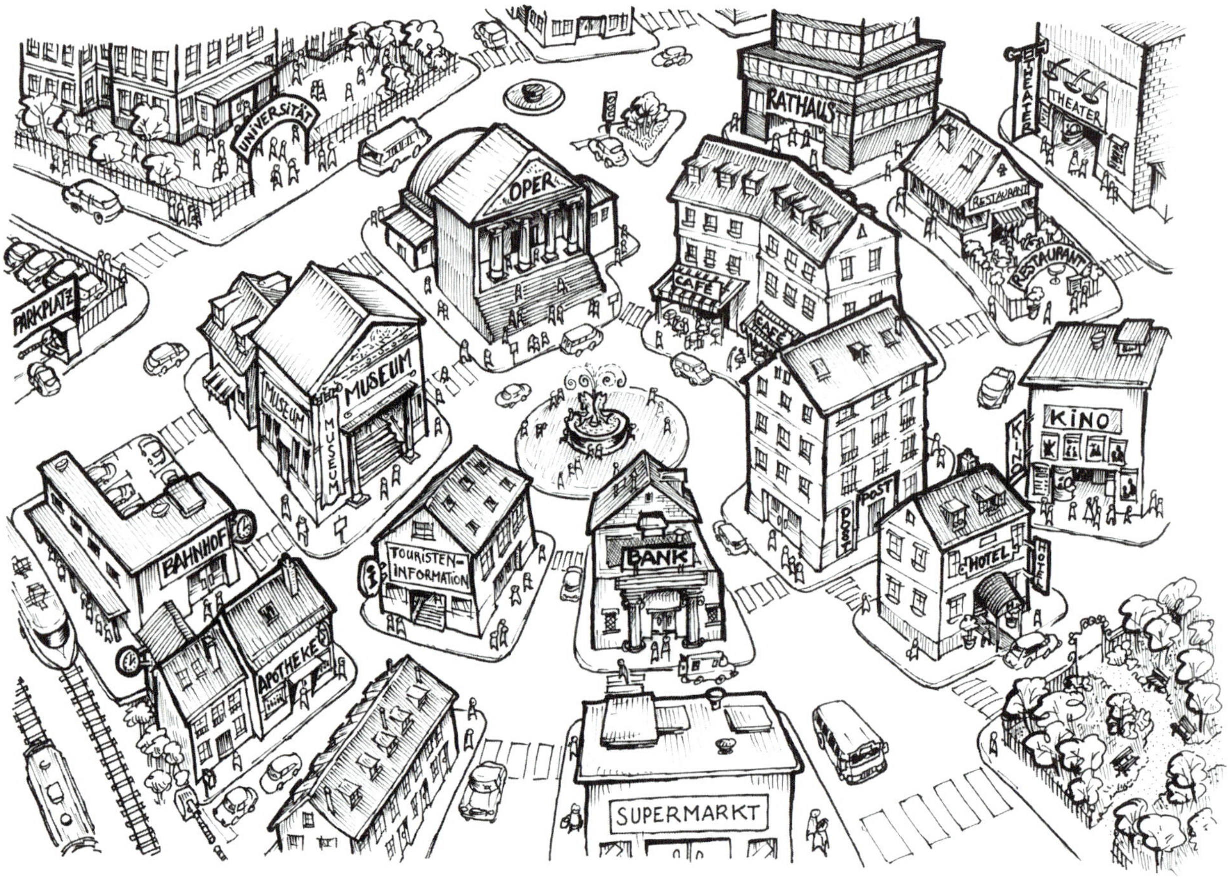

1. Das ist der Stadtplan einer Stadt. Das möchten Sie:

Informationen bekommen ▪ übernachten ▪ etwas essen ▪ Ihr Auto parken ▪ einen Film sehen ▪ berühmte Bilder bewundern ▪ eine Aspirintablette kaufen

2. Führen Sie kurze Gespräche mit Ihrer Nachbarin/Ihrem Nachbarn.

Dialogmodell

■ Entschuldigung, ich möchte … *(Geld abheben)*.
Wo kann ich das tun?

□ Hier ist die Bank./Die Bank ist hier. Hier können Sie Geld abheben.
Dort ist die Bank./Die Bank ist dort. Dort können Sie Geld abheben.

■ Danke *(schön/sehr)*.

□ Bitte *(sehr)*.

Wo kann ich hier …? [B]

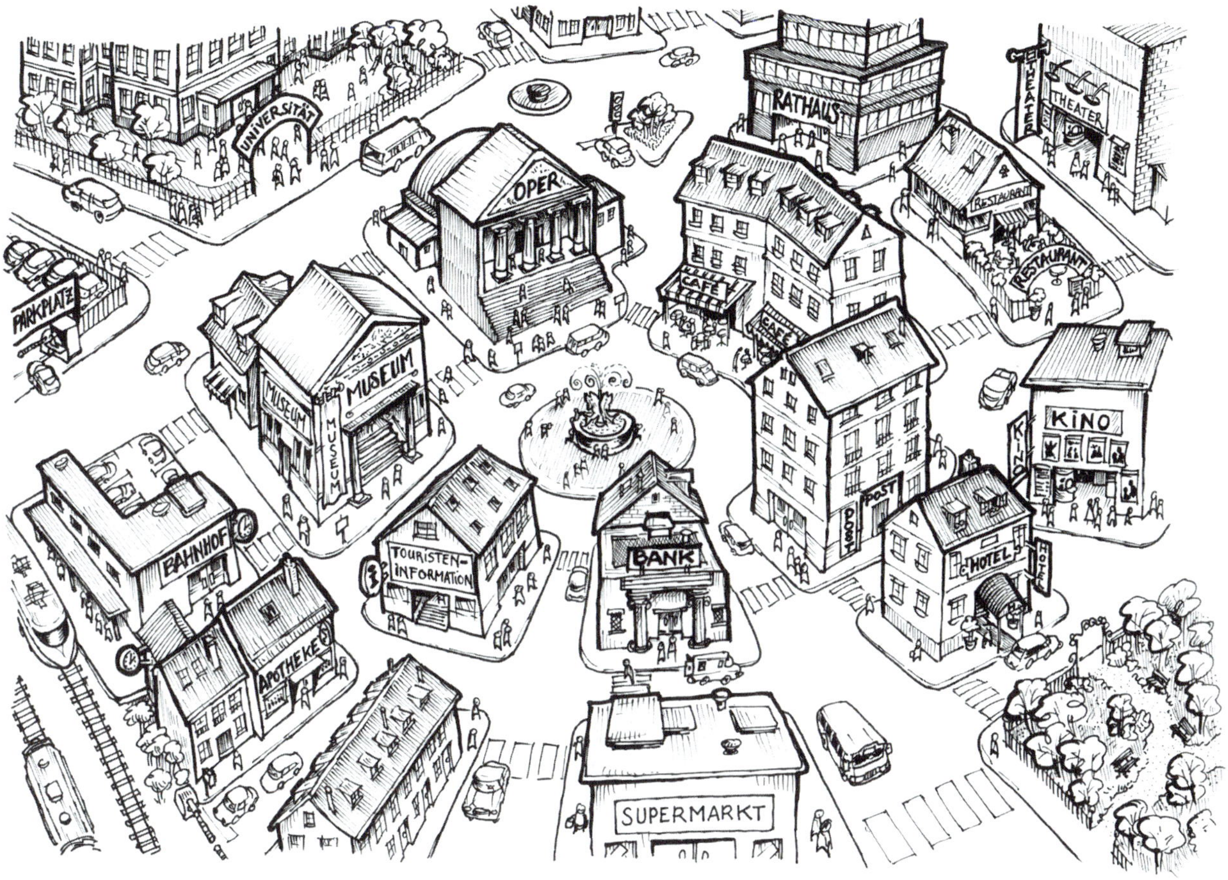

1. Das ist der Stadtplan einer Stadt. Das möchten Sie:

> eine Oper sehen ▪ ein Theaterstück sehen ▪ eine Tasse Kaffee trinken ▪ Geld abheben ▪ Briefmarken kaufen ▪ einen Zug nehmen ▪ einkaufen

2. Führen Sie kurze Gespräche mit Ihrer Nachbarin/Ihrem Nachbarn.

Dialogmodell

■ Entschuldigung, ich möchte … *(Geld abheben)*.
Wo kann ich das tun?

□ Hier ist die Bank./Die Bank ist hier. Hier können Sie Geld abheben.
Dort ist die Bank./Die Bank ist dort. Dort können Sie Geld abheben.

■ Danke *(schön/sehr)*.

□ Bitte *(sehr)*.

Ein Besuch in Berlin

1. Welche **zwei Sehenswürdigkeiten** möchten Sie und Ihre Gesprächspartnerin/Ihr Gesprächspartner zusammen besuchen? Diskutieren Sie und wählen Sie aus.

Jüdisches Museum

Der Museumsbau von Daniel Libeskind ist ein architektonisches Meisterwerk. Die Ausstellung präsentiert 2000 Jahre deutsch-jüdischer Geschichte mit Fotos, Alltags- und Kunstobjekten.

Öffnungszeiten
Montag: 10.00 Uhr bis 22.00 Uhr
Dienstag bis Sonntag: 10.00 Uhr bis 20.00 Uhr

Eintritt frei
Führungen in vielen Sprachen

Museum für Naturkunde

Die Sammlung enthält über 25 Millionen zoologische, paläontologische und mineralogische Objekte. Sie zeigt die Entwicklung des Lebens auf ca. 6000 qm Ausstellungsfläche.

Öffnungszeiten
Dienstag bis Freitag von 9.30 Uhr bis 17.00 Uhr
Samstag, Sonntag von 10.00 Uhr bis 18.00 Uhr
Montags geschlossen

Eintrittspreise
Erwachsene: 8,00 Euro
Ermäßigt: 5,00 Euro

Deutsches Spionagemuseum

KGB, Stasi und CIA: Das Deutsche Spionagemuseum liegt in der Mitte von Berlin und führt die Besucher in die Welt der Geheimdienste aus Ost und West.

Öffnungszeiten
Montag bis Sonntag 10.00 Uhr bis 20.00 Uhr

Eintrittspreise
Erwachsene: 12,00 Euro
Ermäßigt: 8,00 Euro
Kinder bis 6 Jahre frei

Der Filmpark Babelsberg

Das Studio Babelsberg ist ein historisches, aber auch sehr modernes Filmstudio. Man kann hier Studio-Touren machen. Die Touren zeigen die wichtigen Stationen der deutschen Filmproduktion.

Öffnungszeiten
Täglich 10.00 Uhr bis 17.00 Uhr

Eintrittspreise
Erwachsene: 19,00 Euro
Ermäßigt: 17,00 Euro
Parkplatz: 4,00 Euro

Ermäßigt = Preis für Schüler/innen, Studierende und Senioren

Redemittel

A: Ich möchte gern den/die/das … besuchen. Und du/Sie?

B: Ja, das ist eine gute Idee.
Ja, gern(e).
Ich auch.

B: Nein, ich finde es nicht so interessant.
= Ich finde es langweilig.
Der Eintritt ist sehr/zu teuer.
Ich möchte lieber … besuchen/sehen.

2. Kaufen Sie die Eintrittskarten. Spielen Sie kurze Dialoge.

Das Wochenendprogramm

1. Was machen diese Menschen am Samstag?
   Diskutieren Sie in Kleingruppen über ein Bild oder mehrere Bilder und erstellen Sie ein Tagesprogramm.

1

2

3

4

5

6

Einige Ideen: Sport machen ▪ nach … fahren ▪ E-Mails lesen/schreiben ▪ telefonieren ▪ kochen ▪ Musik hören ▪ Sprachen lernen ▪ Freunde besuchen …

Wortschatzhilfe

von … Uhr bis … Uhr
um … Uhr
am Morgen/am Vormittag/am Nachmittag/am Abend

2. Und Sie? Was machen Sie am Wochenende? Und Ihre Nachbarin/Ihr Nachbar?
   Erzählen Sie.

Satzbautraining [A]

1. Kontrollieren Sie die Sätze Ihrer Nachbarin/Ihres Nachbarn.

(1) Am Montag mache ich einen Spaziergang und ich besuche das Deutsche Museum.

→ Montag → Wochenende

(2) Am Wochenende mache ich einen Spaziergang und ich besuche das Deutsche Museum.

→ ich → wir

(3) Am Wochenende machen wir einen Spaziergang und wir besuchen das Deutsche Museum.

→ wir → er | das Deutsche Museum → der Englische Garten

(4) Am Wochenende macht er einen Spaziergang und er besucht den Englischen Garten.

→ der Englische Garten → seine Freundin

(5) Am Wochenende macht er einen Spaziergang und er besucht seine Freundin.

→ einen Spaziergang machen → nach München fahren

(6) Am Wochenende fährt er nach München und er besucht seine Freundin.

2. Bilden Sie Sätze. Verändern Sie immer nur die vorgegebenen Wörter.

(1) Wir treffen unsere Eltern morgen in Zürich und wir fahren zusammen nach Basel.

→ wir → du

(2) ....

→ . → ?

(3) ....

→ du → er | ? → .

(4) ....

→ Eltern → Bruder | treffen → besuchen

(5) ....

→ morgen → Montag

(6) ....

Satzbautraining [B]

1. Bilden Sie Sätze. Verändern Sie immer nur die vorgegebenen Wörter.

(1) Am Montag mache ich einen Spaziergang und ich besuche das Deutsche Museum.

→ Montag → Wochenende

(2) ....

→ ich → wir

(3) ....

→ wir → er | das Deutsche Museum → der Englische Garten

(4) ....

→ der Englische Garten → seine Freundin

(5) ....

→ einen Spaziergang machen → nach München fahren

(6) ....

2. Kontrollieren Sie die Sätze Ihrer Nachbarin/Ihres Nachbarn.

(1) Wir treffen unsere Eltern morgen in Zürich und wir fahren zusammen nach Basel.

→ wir → du

(2) Du triffst deine Eltern morgen in Zürich und ihr fahrt zusammen nach Basel.

→ . → ?

(3) Triffst du deine Eltern morgen in Zürich und fahrt ihr zusammen nach Basel?

→ du → er | ? → .

(4) Er trifft seine Eltern morgen in Zürich und sie fahren zusammen nach Basel.

→ Eltern → Bruder | treffen → besuchen

(5) Er besucht seinen Bruder morgen in Zürich und sie fahren zusammen nach Basel.

→ morgen → Montag

(6) Er besucht seinen Bruder am Montag in Zürich und sie fahren zusammen nach Basel.

Grammatik- und Wortschatztraining

1. Ergänzen Sie die Tabellen zum Nominativ und zum Akkusativ.
   Schauen Sie eventuell in Ihr Kursbuch auf Seite 65.

	maskulin	feminin	neutral	Plural
Nominativ	*der* Vater	.... Mutter	.... Kind	.... Freunde
Akkusativ	.... Vater	.... Mutter	.... Kind	.... Freunde

	maskulin	feminin	neutral	Plural
Nominativ	*der* *alte* Fernseher	.... kaputt...... Lampe	.... modern...... Radio	.... klein...... Zimmer
Akkusativ	.... alt...... Fernseher	.... kaputt...... Lampe	.... modern...... Radio	.... klein...... Zimmer

2. Sammeln Sie Wörter. Achten Sie auf den Kasus.
   1. Das ist praktisch: *ein (bequemer) Stuhl, eine (helle) Lampe,* ....
      ....
   2. Das brauche ich in einem Hotelzimmer: *einen (neuen) Fernseher,* ....
      ....
   3. Das kostet nicht viel Geld: ....
      ....
   4. Das kann man in einem Büro sehen: ....
      ....
   5. Diese Gebäude gibt es in meiner Stadt: ....
      ....
   6. Das sind Abteilungen einer Universität: ....
      ....

Wiederholungstest

1. Wo können Sie das tun? Ergänzen Sie das fehlende Wort mit Artikel.

   1. Hier kann man eine Aspirintablette kaufen: *die Apotheke*
   2. Hier kann ich Briefmarken kaufen: ....
   3. Hier können wir Geld abheben: ....
   4. Hier kann man studieren: ....
   5. Hier kann Frau Schmidt übernachten: ....
   6. Hier können Sie Lebensmittel kaufen: ....

.... /5 Punkte

2. Ergänzen Sie das Verb in der richtigen Form.

   1. Das Hotel *hat* ein teures Restaurant. *(haben)*
   2. .... Sie unbedingt einen Internetanschluss? *(brauchen)*
   3. Am Mittwoch .... wir den Japanischen Garten besuchen. *(möchten)*
   4. .... du das alte Haus dort? *(sehen)*
   5. Am Morgen .... ich immer die Zeitung. *(lesen)*
   6. Wann .... ihr nach Irland? *(fahren)*

.... /5 Punkte

3. Was brauchen diese Leute? Achten Sie auf den Artikel.

1
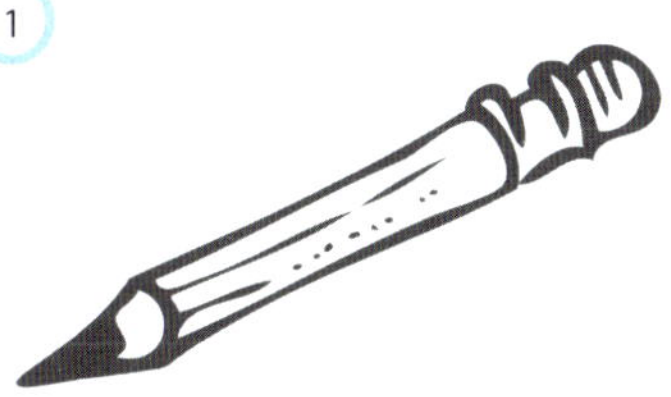
Lisa möchte schreiben. Sie braucht *einen Stift.*

2

Carla möchte ihre E-Mails lesen.
Sie braucht ....

3

Konrad möchte nach Ulm fahren.
Er braucht ....

4

Frau Quetsch möchte ein Buch lesen.
Sie braucht ....

5

Paul möchte ein Dokument drucken.
Er braucht ....

6
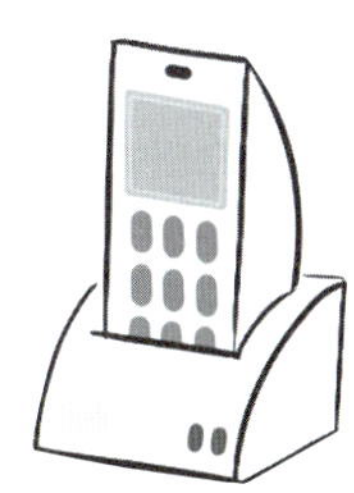
Herr Schreiner möchte telefonieren.
Er braucht ....

.... /5 Punkte

4. Schreiben Sie den Artikel und das Adjektiv in der richtigen Form.

1. Morgen Nachmittag besuche ich *das* Historisch*e* Museum.
2. Das Hotel hat ein...... griechisch...... Spezialitätenrestaurant.
3. Am Montag kaufen wir ein...... neu...... Bett.
4. Heute Abend möchte ich ein...... schön...... Theaterstück sehen.
5. Mein...... alt...... Uhr ist kaputt.
6. Frau Lorenz, haben Sie auch ein...... groß...... Büro?

.... /5 Punkte

5. Hier ist die Antwort. Wie heißt die Frage?

1. *Was kostet ein Einzelzimmer?* — 43 Euro für eine Nacht.
2. ....? — Nein, sie ist nicht kaputt.
3. ....? — Von Dienstag bis Sonntag von 10 Uhr bis 19 Uhr.
4. ....? — Nein, ich zahle mit Kreditkarte.
5. ....? — Sybelstraße 42, Marburg.
6. ....? — Nein, ich spiele lieber Klavier.

.... /10 Punkte

6. Schreiben Sie das Gegenteil.

1. E-Mails schreiben ↔ E-Mails *lesen*
2. die Tür öffnen ↔ die Tür ....
3. nach München fahren ↔ aus München ....
4. ein Sandwich essen ↔ einen Kaffee ....
5. Mathematik studieren ↔ als Mathematiklehrer ....
6. der Computer ist kaputt ↔ der Computer ....

.... /5 Punkte

7. Ergänzen Sie das Formular.

Anmeldeformular

HOTEL ROYAL

Zimmer-Nr.	*405*	Anreisetag	*17.05.20*
Anzahl Personen	*/*	Abreisetag	*19.05.20*

Herr/Frau	Name	Vorname
Geburtsdatum	Postleitzahl, Wohnort	Straße, Hausnummer
Telefon	E-Mail	Beruf
Datum	Unterschrift	

.... /10 Punkte

Insgesamt: .... /45 Punkte

Prüfungsvorbereitung *Goethe-Zertifikat A1: Start Deutsch 1*

1. Sie lesen diese kurzen Mitteilungen.
   Sie müssen entscheiden: Steht das im Text? Ist der Satz richtig oder falsch?

	richtig	falsch
1. Das Café schließt am Samstag um sieben Uhr.	☐	☐
2. In der Museumsnacht kosten die Eintrittskarten nichts.	☐	☐
3. Heute Abend kann man im Hotel auch brasilianische Musik hören.	☐	☐

Liebe Museumsbesucher!
Unser Museumscafé hat neue Öffnungszeiten! Am Wochenende ist das Café von 10.00 bis 19.00 Uhr geöffnet.

Wiener Museumsnacht
Alle Museen haben die ganze Nacht geöffnet! Eintritt: gratis!
Mehr Information finden Sie hier:
www.wiener_museen.at

Liebe Gäste!
Heute ab 21.00 Uhr in unserer Hotelbar: Fiesta mit Spezialitäten und Live-Musik aus Südamerika!
Besuchen Sie uns!

2. Sie brauchen bestimmte Informationen. Welche Internetadresse rufen Sie auf?

   (1) Sie und Ihre Partnerin/Ihr Partner fahren am Freitag nach Bonn.
   Sie bleiben zwei Tage und suchen nach einem günstigen Hotelangebot.

a) **www.hotels.com**
Startseite Bonn
Hotels sortieren nach
- Preis
- Lage
- Qualität

b) **www.hotelkrone.de**
Herzlich willkommen im Hotel Krone
Unser Angebot:
- Virtueller Hotelrundgang
- Preisliste
- Zur Zimmerbuchung

   (2) Sie suchen ein Fitnessstudio in München, aber Sie haben nur abends Zeit.

a) **www.fitness.com**
Fitness für Jung und Alt
Qualifizierte Trainerinnen und Trainer
Super-Preise, Studio mit Pool!
Täglich von 14.00 bis 22.00 Uhr geöffnet
Rufen Sie an: (0173) 83 56 21

b) **www.fit-bleiben.com**
Möchten Sie fit bleiben?
Bei uns sind Sie richtig! Unser Angebot:
Bodybuilding, Aerobic, Massage
Öffnungszeiten: 6.00 Uhr bis 18.30 Uhr
Mo. geschlossen
Tel.: (072) 3 32 45 62

Frühstück im Hotel

1. Ergänzen Sie den Text.

Norbert:	Guten Morgen, Peter. Wie .... es dir?
Peter:	Guten Morgen. Danke, gut. Ich .... jetzt richtigen Hunger.
Norbert:	Ich auch. Was .... du zum Frühstück? Hm, was für ein tolles Büfett! Wo .... die Teller?
Peter:	Dort. Da .... auch das Besteck.
Norbert:	Ach ja, ich .... es. Ich .... erst mal nur Joghurt mit Früchten.
Peter:	Nur Joghurt mit Früchten! Also, ich .... zwei Brötchen mit Käse und Schinken, ein gekochtes Ei und vielleicht noch zwei Scheiben Lachs.
Kellnerin:	Was .... Sie trinken?
Peter:	Eine Tasse Kaffee bitte.
Norbert:	Und ich .... bitte einen Tee, einen Kräutertee.
Peter:	Kräutertee und Joghurt mit Früchten. Du .... wirklich gesund!

2. In welche Gruppe gehört das Verb? Ordnen Sie zu.

Verben ohne Vokalwechsel: *gehen*, ...

Verben mit Vokalwechsel: *essen*, ...

besondere Verben: *haben*, ...

3. Konjugieren Sie die Verben.

....

....

....

....

....

....

Maß- und Mengenangaben

Karte A	Karte B	Karte A	Karte B
2 Liter	Traubensaft	3 Tafeln	Schokolade
4 Packungen	Zigaretten	2 Tassen	Espresso
2 Becher	saure Sahne	3 Tuben	Tomatenmark
5 Scheiben	Vollkornbrot	1 Bund	Schnittlauch

Mögen Sie …?/Magst du …?

Fußball spielen

Vivaldi

?

deine/Ihre Hausnachbarn

deinen/Ihren Beruf

Mögen Sie …?

Magst du …?

Horrorfilme

chinesisches Essen

Auslandsreisen

lange Spaziergänge

Radio hören

den Winter

den Deutschkurs

Redemittel

A: Magst du/Mögen Sie Horrorfilme?

B: Ja, Horrorfilme mag ich sehr.
Ja, ich mag sie sehr.
Ja, natürlich!/Ja, klar.

B: Nein, ich mag sie nicht (so gern).
Nein, ich mag sie (gar) nicht.
Nein, leider nicht.

B: Und du/Sie?

A: Ich auch. ←→ Ich aber nicht.

A: Ich auch nicht. ←→ Ich schon.

Im Lebensmittelgeschäft [A]

1. Ihre Einkaufsliste:

grüne Oliven ▪ 2 kg Tomaten ▪ 1 kg Brot ▪ 1 Pfund Butter oder Margarine

2. Ihre Nachbarin/Ihr Nachbar spielt die Verkäuferin/den Verkäufer.
Fragen Sie sie/ihn und notieren Sie den Preis und die Besonderheiten der Produkte.

1

Tomaten (1)

Preis: ....
Zusatzinformation:
deutsche Biotomaten

2

Tomaten (2)

Preis: ....
Zusatzinformation:
....

3
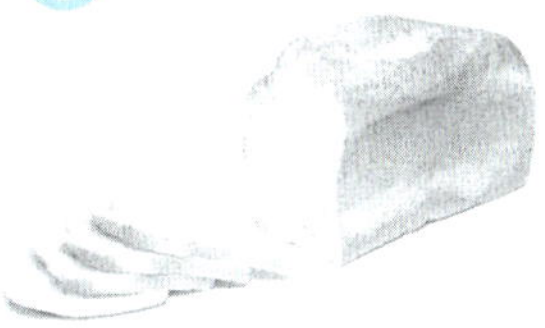
Brot (1)

Preis: ....
Zusatzinformation:
frisches Weißbrot

4

Brot (2)

Preis: *1,25 Euro*
Zusatzinformation:
....

5
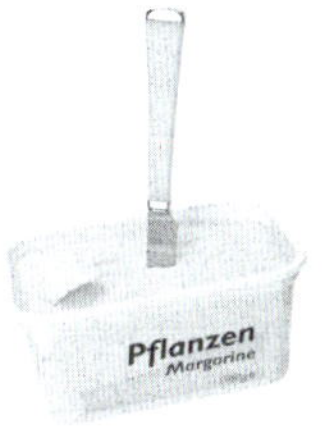

Margarine

Preis: ....
Zusatzinformation:
....

6
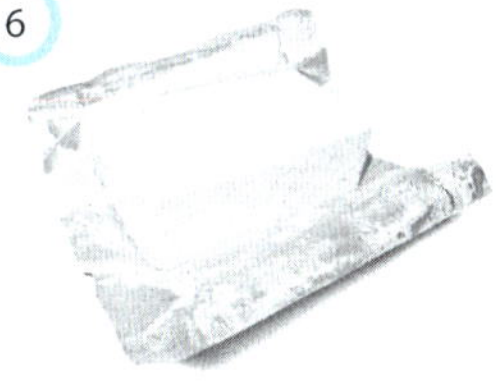
Butter

Preis: *2,00 Euro/Pfund*
Zusatzinformation:
....

7

Oliven (1)

Preis: *2,00 Euro/Pfund*
Zusatzinformation:
....

8

Oliven (2)

Preis: ....
Zusatzinformation:
....

Dialogmodell

■ Guten Tag, ich brauche/hätte gern/möchte … *(Tomaten).*

□ Wir haben … *(deutsche Biotomaten)* und … *(spanische Tomaten).*

■ Was kosten die Tomaten?

□ Die deutschen Biotomaten kosten 1,45 Euro pro Kilo, die spanischen Tomaten kosten 1,20 Euro pro Kilo.

■ Vielen Dank.

□ Bitte sehr.

3. Was kaufen Sie? Wählen Sie aus und spielen Sie den Dialog.

Im Lebensmittelgeschäft [B]

1. Sie sind die Verkäuferin/der Verkäufer.
   Beantworten Sie die Fragen der Kundin/des Kunden.

1

Preis: 1 kg, 1,45 Euro

deutsche Biotomaten

2

Preis: 1 kg, 1,20 Euro

spanische Tomaten

3

Preis: 1 kg, 0,99 Euro

frisches Weißbrot

4

Preis: 1 kg, 1,25 Euro

Schwarzbrot, deutsches Produkt

5

Preis: 1 Pfund, 1,00 Euro

cholesterinfreie Margarine

6
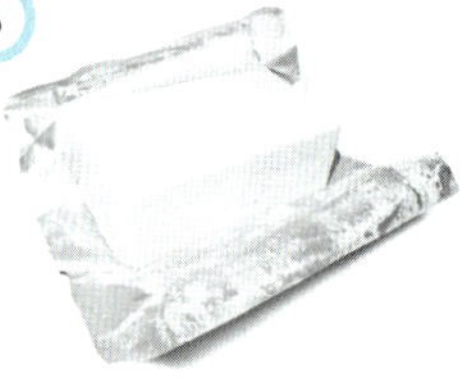

Preis: 1 Pfund, 2,00 Euro (Sonderangebot)

deutsche Butter

7

Preis: 1 kg, 2,58 Euro

frische griechische Oliven

8

Preis: 1 kg, 1,51 Euro

spanische Oliven (Dose)

2. Ihre Nachbarin/Ihr Nachbar kauft ein. Spielen Sie den Dialog.

Was kostet das?

1. Wie heißen diese Früchte? Schreiben Sie auch den Plural.

1 
der Apfel, die Äpfel

2 
....

3 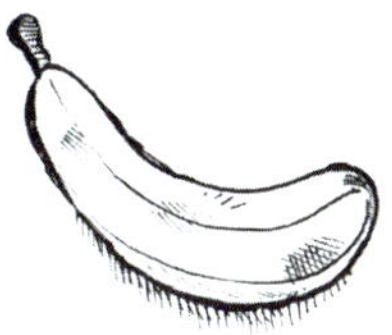
....

4 
....

2. Was kosten die Früchte? Diskutieren Sie und schreiben Sie Sätze.

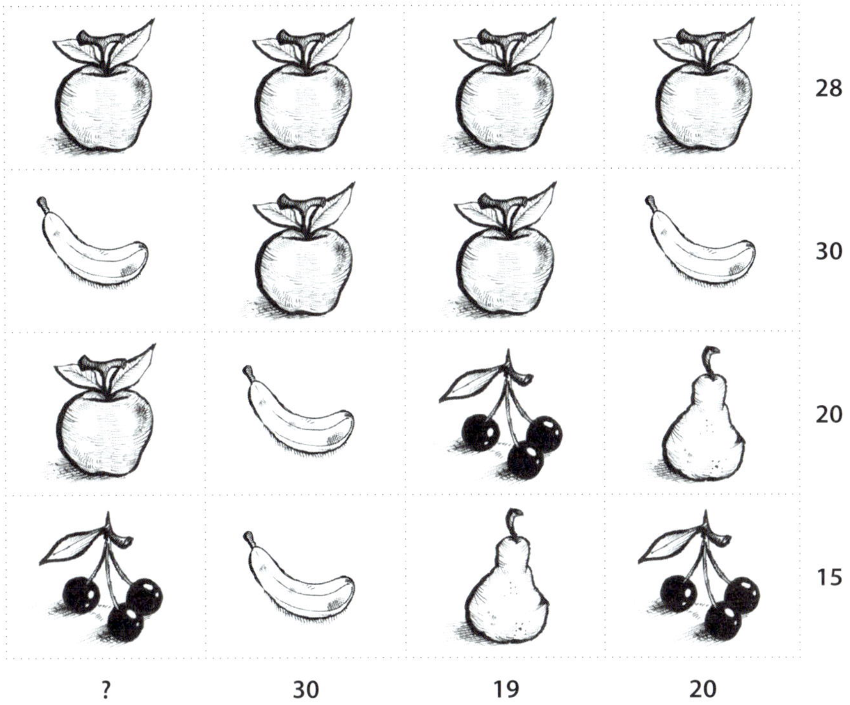

Vier Äpfel kosten *achtundzwanzig* Cent. Ein Apfel kostet also .... Cent.

Zwei Äpfel und zwei .... kosten .... Cent.

Eine .... kostet also .... Cent.

Redemittel

A: Ein(e) … kostet (vielleicht) … Cent. Was meinst du/meinen Sie?

B: Ich glaube auch.
Ja, das kann sein.
Ja, du hast/Sie haben recht.
Ja, das stimmt.

B: Ich glaube nicht.
Das kann nicht sein.
Das ist falsch.
Das stimmt nicht. Ein Apfel kann nicht … kosten.
Das ist zu viel/zu wenig.

3. Kaufen Sie fünf Birnen, zwei Äpfel und vier Bananen. Spielen Sie den Dialog.

Salatrezepte [A]

1. Wie macht man einen Sauerkrautsalat? Ihre Nachbarin/Ihr Nachbar hat das Rezept. Hören Sie gut zu und machen Sie Notizen.

Zutaten:

.... Sauerkraut	.... Äpfel	.... Essiggurken
.... Zwiebel	.... Esslöffel Zitronensaft	.... Teelöffel Honig
.... Esslöffel Öl	.... Teelöffel Kümmel	

Zubereitung:

Sie hören: Schneiden Sie das Sauerkraut in große Stücke.

Sie schreiben:

Man schneidet das Sauerkraut in große Stücke. Dann ....

....

....

....

....

....

2. Wie macht man einen Karottensalat? Erklären Sie es Ihrer Nachbarin/Ihrem Nachbarn.

Karottensalat

Zutaten (für 4 Personen)

¾ kg frische Karotten
1 Zwiebel
1 Bund Schnittlauch
3 Esslöffel Essig
2 Esslöffel Öl
2 Esslöffel Mineralwasser
1 Prise Zucker
Salz und Pfeffer

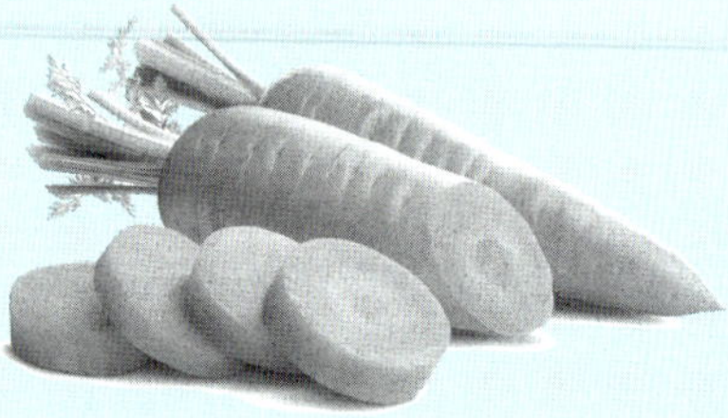

Zubereitung:

Sie lesen: Die Karotten waschen …

Sie sagen: Waschen Sie die Karotten …

1. Die Karotten waschen und ca. 20 Minuten kochen.
2. Die Karotten in dünne Scheiben schneiden.
3. Die Zwiebel schälen und in kleine Würfel schneiden.
4. Den Schnittlauch waschen und sehr klein schneiden.
5. Essig, Öl, Mineralwasser und Zucker verrühren.
6. Den Karottensalat mit Salz und Pfeffer abschmecken.

Guten Appetit!

3. Kennen Sie auch ein einfaches Salatrezept? Erzählen Sie.

Salatrezepte [B]

1. Wie macht man einen Sauerkrautsalat? Erklären Sie es Ihrer Nachbarin/Ihrem Nachbarn.

Sauerkrautsalat

Zutaten (für 4 Personen)

350 g Sauerkraut
2 Äpfel
3 Essiggurken
1 Zwiebel
2 Esslöffel Zitronensaft
1 Teelöffel Honig
2 Esslöffel Öl
½ Teelöffel Kümmel

Zubereitung:

Sie lesen: Das Sauerkraut in große Stücke schneiden.

Sie sagen: *Schneiden Sie das Sauerkraut in große Stücke.*

1. Das Sauerkraut in große Stücke schneiden.
2. Die Äpfel, die Zwiebel und die Gurken schälen und in kleine Würfel schneiden.
3. In einer Schüssel Zwiebel, Öl und Zitronensaft mit dem Honig gut verrühren.
4. Äpfel- und Gurkenstücke, Sauerkraut und Kümmel einrühren und gut vermengen.
5. Den Sauerkrautsalat noch 30 Minuten in den Kühlschrank stellen.

Guten Appetit!

2. Wie macht man einen Karottensalat? Ihre Nachbarin/Ihr Nachbar hat das Rezept. Hören Sie gut zu und machen Sie Notizen.

Zutaten:

.... frische Karotten	.... Zwiebel	.... Bund Schnittlauch
.... Esslöffel Essig	.... Esslöffel Öl	.... Esslöffel Mineralwasser
.... Prise Zucker, Salz und Pfeffer		

Zubereitung:

Sie hören: Waschen Sie die Karotten.

Sie schreiben:

Man wäscht die Karotten. Dann ....

....

....

....

....

....

3. Kennen Sie auch ein einfaches Salatrezept? Erzählen Sie.

Essen und Trinken in Deutschland

1. Rekonstruieren Sie den Text.
   Was meinen Sie: Welches Wort passt? Diskutieren Sie mit Ihrer Nachbarin/Ihrem Nachbarn.

Brötchen ▪ Fleisch ▪ Käse ▪ Apfelwein ▪ Marmelade ▪ Kaffee ▪ Bier ▪ Wasser ▪ Wurst

Esskultur in Deutschland

In Deutschland isst man dreimal am Tag. Zum Frühstück gibt es normalerweise .... oder Brot mit .... oder Käse und eine Tasse Kaffee. Die Hauptmahlzeit ist das Mittagessen zwischen 12.00 Uhr und 14.00 Uhr. Das Mittagessen besteht in der Regel aus ...., Gemüse und Kartoffeln. Viele Betriebe haben eine Kantine. Dort essen die Mitarbeiter mittags warm. In vielen Kantinen kann man auch vegetarische Gerichte bekommen. Zum Abendbrot isst man in Deutschland traditionell nur eine Scheibe Brot mit .... oder .... Doch viele junge Menschen bevorzugen auch abends Fisch, Fleisch, Spaghetti, Pizza oder einen Hamburger. Als Getränk ist .... sehr beliebt. Außerdem mögen die Deutschen .... und Wein. Man kann Wein auch mit .... mischen und als „Weinschorle" trinken. Ein besonderes Getränk in den Bundesländern Hessen, Rheinland-Pfalz und Saarland ist der .... Bei den Erfrischungsgetränken liegt das Mineralwasser an der Spitze.

Redemittel

A: Was, glauben Sie/glaubst du, isst/trinkt man in Deutschland zum … *(Frühstück)*?

B: Ich weiß, in Deutschland isst/trinkt man … zum Frühstück.

A: Ja, vielleicht./Ja, das stimmt.
oder: Sind Sie/Bist du sicher?

B: Ja, ich bin (ganz) sicher.

B: Ich weiß es leider nicht./Ich habe keine Ahnung.

A: Kein Problem./Macht nichts.
oder: Ich weiß es auch nicht.

2. Vergleichen Sie Ihre Antworten mit dem Text in A23.

Im Restaurant

1. Spielen Sie diesen Dialog.

Gast: (Tisch frei?)
Kellner: (Guten Tag!)
Kellner: (ja)
Gast: (Speisekarte)
Kellner: (sofort bringen, etwas trinken?)
Gast: (ja, Orangensaft, Wasser)
Kellner: (essen?)
Gast: (Putenschnitzel mit Gemüse)
Kellner: (Vorspeise?)
Gast: (keine)

(etwas später)

Kellner: (geschmeckt?)
Gast: 👍
Kellner: (Nachtisch?)
Gast: (Kaffee und Obstkuchen)

(etwas später)

Gast: (zahlen)
Kellner: (12,60 Euro)
Gast: (Trinkgeld: 13,50 Euro)
Kellner: (Auf Wiedersehen!)
Gast: (Auf Wiedersehen!)

2. Wählen Sie eine Situation und spielen Sie einen kurzen Dialog zwischen Gast und Kellner:

a) in einem Café b) in einem vegetarischen Restaurant c) in der Kino-Cafeteria

Satzbautraining [A]

1. Kontrollieren Sie die Sätze Ihrer Nachbarin/Ihres Nachbarn.

(1) Ich bestelle eine Gemüsesuppe und ein Glas Mineralwasser.

ich → du | Gemüsesuppe → Käseteller

(2) Du bestellst einen Käseteller und ein Glas Mineralwasser.

du → Sie | ein Glas → eine Flasche

(3) Sie bestellen einen Käseteller und eine Flasche Mineralwasser.

. → !

(4) Bestellen Sie einen Käseteller und eine Flasche Mineralwasser!

bestellen → nehmen | Mineralwasser → Rotwein

(5) Nehmen Sie einen Käseteller und eine Flasche Rotwein!

Sie → ihr | ! → ?

(6) Nehmt ihr einen Käseteller und eine Flasche Rotwein?

2. Bilden Sie Sätze. Verändern Sie immer nur die vorgegebenen Wörter.

(1) Ich esse gern chinesische Spezialitäten.

ich → meine Freundin

(2) ....

chinesisch → italienisch

(3) ....

meine Freundin → wir | Spezialitäten → Nudeln

(4) ....

wir → ihr | . → ?

(5) ....

ihr → Sie

(6) ....

Satzbautraining [B]

1. Bilden Sie Sätze. Verändern Sie immer nur die vorgegebenen Wörter.

(1) Ich bestelle eine Gemüsesuppe und ein Glas Mineralwasser.

ich → du | Gemüsesuppe → Käseteller

(2) ....

du → Sie | ein Glas → eine Flasche

(3) ....

. → !

(4) ....

bestellen → nehmen | Mineralwasser → Rotwein

(5) ....

Sie → ihr | ! → ?

(6) ....

2. Kontrollieren Sie die Sätze Ihrer Nachbarin/Ihres Nachbarn.

(1) Ich esse gern chinesische Spezialitäten.

ich → meine Freundin

(2) Meine Freundin isst gern chinesische Spezialitäten.

chinesisch → italienisch

(3) Meine Freundin isst gern italienische Spezialitäten.

meine Freundin → wir | Spezialitäten → Nudeln

(4) Wir essen gern italienische Nudeln.

wir → ihr | . → ?

(5) Esst ihr gern italienische Nudeln?

ihr → Sie

(6) Essen Sie gern italienische Nudeln?

Grammatik- und Wortschatztraining

1. Ergänzen Sie die Konjugation im Präsens. Achten Sie auf die Unregelmäßigkeiten.

	kochen	trinken	essen	nehmen
ich	*koche*	....	....	....
du	....	....	............!	............!
er/sie/es/man	....	....	............!	............!
wir	....	....	....	....
ihr	....	....	....	....
sie/Sie	....	....	....	....

	möchte(n)	kaufen	bestellen	mögen
ich	....	....	....	............!
du	....	....	....	............!
er/sie/es/man	............!	....	....	............!
wir	....	....	....	....
ihr	....	....	....	....
sie/Sie	....	....	....	....

2. Sammeln Sie Wörter mit den vorgegebenen Buchstaben.

Das kann man essen oder trinken:

a) **T-** *Tomate*, ...

....

b) **A-** ....

....

c) **K-** ....

....

d) **S-** ....

....

e) **B-** ....

....

f) **Joker** *Hier ist der erste Buchstabe nicht wichtig.*

....

....

....

....

....

Wiederholungstest

1. Wie heißt das? Schreiben Sie auch den Artikel und den Plural.

(1)

das Messer,
die Messer

(2)

....
....

(3)

....
....

(4)

....
....

(5)

....
....

(6)

....
....

.... /10 Punkte

2. Schreiben Sie das Gegenteil.

1. hartes Brot ↔ *weiches* Brot
2. trockener Wein ↔ .... Wein
3. saure Birnen ↔ .... Birnen
4. kleines Stück Kuchen ↔ .... Stück Kuchen
5. kaltes Wasser ↔ .... Wasser
6. preiswertes Restaurant ↔ .... Restaurant

.... /5 Punkte

3. Ergänzen Sie die Endungen.

1. In Rom gibt es ein...... ausgezeichnetes Fisch-Restaurant.
2. Ich hätte gern ein...... Tomatensuppe und d...... Schnitzel mit Pommes frites.
3. Ich möchte bitte ein...... anderen Teller. Dieser hier ist schmutzig.
4. D...... Apfelkuchen und d...... Obstsalat finde ich ausgezeichnet.
5. Ich nehme ein...... gekochtes Ei.
6. Essen Sie viel frisch...... Fisch und trinken Sie kein...... Alkohol!
7. Ich nehme ein...... Scheibe Lachs und ein...... Brötchen.

.... /5 Punkte

4. Im Geschäft. Ergänzen Sie die Verben in der richtigen Form.

1. Grüß Gott. Sie *wünschen? (wünschen)*
2. Guten Tag. Ich .... *(möchte)* 200 Gramm rohen Schinken, eine Packung Linsen und zwei Tüten Zucker. Was .... *(kosten)* die Salami hier?
3. 2,55 Euro pro 100 Gramm. Aber sie .... *(sein)* sehr scharf.
4. Nein, dann .... *(nehmen)* ich sie nicht, danke. Meine Frau .... *(mögen)* keine scharfe Salami.
5. Viele Leute .... *(essen)* scharfe Speisen nicht so gern. .... *(sein)* das jetzt alles? Dann .... *(bekommen)* ich 7,22 Euro.

.... /8 Punkte

5. Welche Reaktion passt?

1. Guten Appetit!
   a) ☐ Danke, auch. b) ☐ Danke, sehr schön. c) ☒ Danke gleichfalls.
2. Schmeckt der Fisch?
   a) ☐ Ich finde ihn ungenießbar. b) ☐ Ich nehme lieber das Rindfleisch. c) ☐ Ja, er ist billig.
3. Möchten Sie schon etwas trinken?
   a) ☐ Nein, danke. b) ☐ Ja, ich möchte eine Käseplatte. c) ☐ Nein, ich habe keinen Hunger.
4. Haben Sie das Geld passend?
   a) ☐ Nein, ich zahle mit Kreditkarte. b) ☐ Ja, bitte. c) ☐ Ja, das kostet 20 Euro.
5. Isst du gern Pizza?
   a) ☐ Ja, ich möchte ein Stück. b) ☐ Nein, ich mag keine Pizza. c) ☐ Sie schmeckt sehr gut.
6. Was nimmst du zum Frühstück?
   a) ☐ Nur einen Kräutertee. b) ☐ Eine Tüte Zucker. c) ☐ Das Glas dort.

.... /5 Punkte

6. Notieren Sie jeweils drei Wörter mit Artikel.

1. Das kann man trinken: ....
2. Das sind Früchte: ....
3. Das sind Milchprodukte: ....
4. Das sind Gemüsearten: ....

.... /12 Punkte

Insgesamt: .... /45 Punkte

Prüfungsvorbereitung *Goethe-Zertifikat A1: Start Deutsch 1*

Essen und Trinken

Essen und Trinken

Essen und Trinken

Essen und Trinken

Essen und Trinken

Essen und Trinken

Essen und Trinken

Essen und Trinken

Essen und Trinken

Essen und Trinken

Essen und Trinken

Essen und Trinken

Martins Tag

Martins Tag 1

Martins Tag 2

Martins Tag 3

Martins Tag 4

Martins Tag 5

Martins Tag 6

Martins Tag 7

Martins Tag 8

Martins Tag 9

Wie spät ist es?

1. Wie spät ist es? Zeichnen Sie die Zeiger.

Viertel vor acht

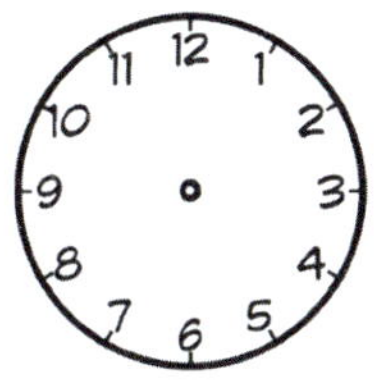
zwei nach neun

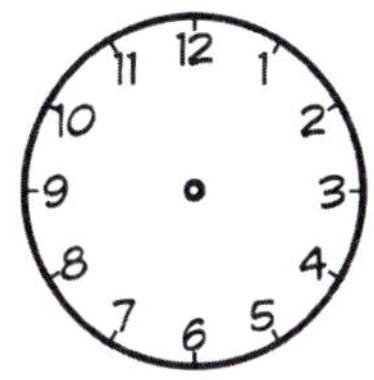
einundzwanzig Uhr

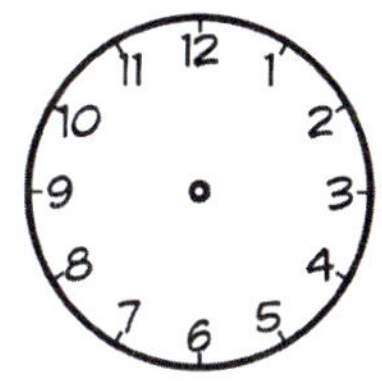
vierzehn Uhr fünfzehn

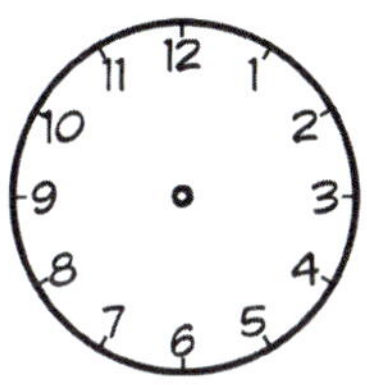
fünf vor sieben

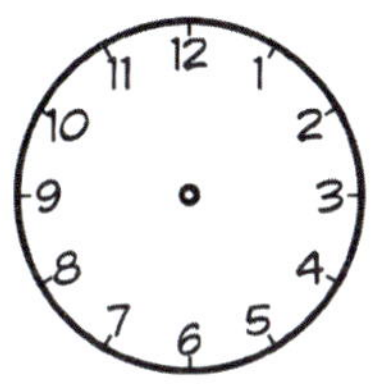
halb sechs

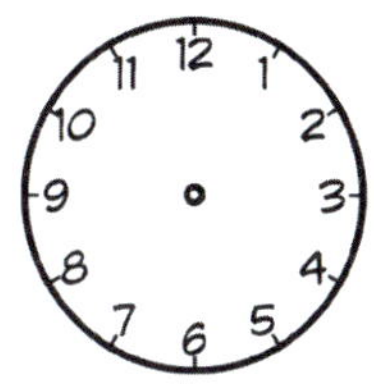
zehn Uhr dreiundzwanzig

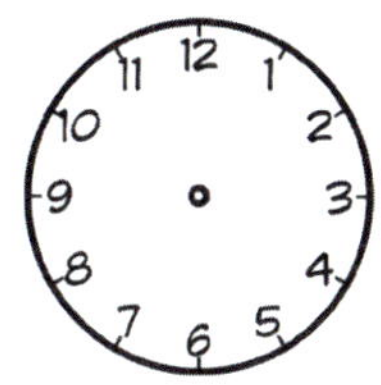
Viertel vor eins

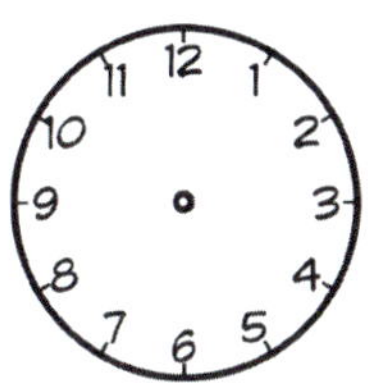
zweiundzwanzig Uhr dreißig

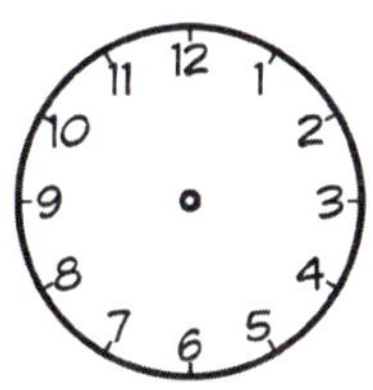
zehn nach elf

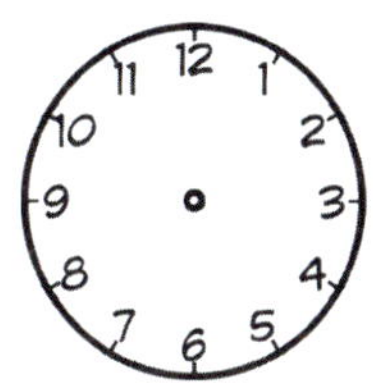
Viertel nach fünf

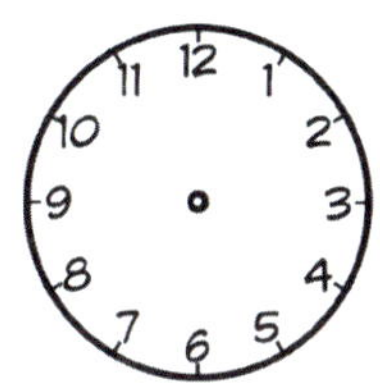
zwanzig nach zwölf

2. Wie spät ist es hier? Schreiben Sie die Uhrzeiten in Worten.

....

....

....

....

....

....

Welche Antwort passt? [A]

1. Stellen Sie Ihrer Nachbarin/Ihrem Nachbarn folgende Fragen und notieren Sie ihre/seine Antworten.

Frage	Antwort
1. Wie war Ihr Tag?	....
2. Wo kaufen Sie ein?	....
3. Rufen Sie Frau Müller heute an?	....
4. Schreiben Sie gerne E-Mails?	....
5. Was müssen Sie heute tun?	....

2. Ihre Nachbarin/Ihr Nachbar stellt Ihnen einige Fragen.
Hören Sie zu und wählen Sie die passende Antwort. Schreiben Sie dann die Frage.

Frage	Antwort
1.	a) In Deutschland. b) Am Donnerstag.
2.	a) Ich weiß es nicht. b) Sie ist in Hamburg.
3.	a) Ja, um 10.00 Uhr. b) Nein, sie ist in der Kantine.
4.	a) Nein, ich habe keinen Kaffee. b) Danke, ich trinke keinen Kaffee.
5.	a) Ich war im Büro. b) Ja, ich war zu Hause.

Welche Antwort passt? [B]

1. Ihre Nachbarin/Ihr Nachbar stellt Ihnen einige Fragen.
   Hören Sie zu und wählen Sie die passende Antwort. Schreiben Sie dann die Frage.

Frage	Antwort
1.	a) Er war gut, danke. b) Ja. Und wie war Ihr Tag?
2.	a) Im Supermarkt. b) Im Büro.
3.	a) Nein, ich habe keine Zeit. b) Nein, Frau Müller war nicht im Büro.
4.	a) Ja, ich muss viele E-Mails schreiben. b) Nein, ich telefoniere lieber.
5.	a) Ich möchte jetzt nach Hause gehen. b) Ich muss noch Herrn Mai anrufen.

2. Stellen Sie Ihrer Nachbarin/Ihrem Nachbarn folgende Fragen und notieren Sie ihre/seine Antworten.

Frage	Antwort
1. Wann fängt der Deutschkurs an?	....
2. Wo kann man die Lampe kaufen?	....
3. Haben Sie einen Termin mit Frau Müller?	....
4. Möchtest du einen Kaffee trinken?	....
5. Wo warst du gestern Abend?	....

Was hat Paula gemacht?

1. Welches Verb passt? Ordnen Sie zu. (Manchmal gibt es mehrere Lösungen).

(1) E-Mails	(a) essen
(2) über das neue Projekt	(b) lösen
(3) Kaffee	(c) fahren
(4) eine Besprechung	(d) sprechen
(5) im Restaurant	(e) buchen
(6) ein Problem	(f) schreiben
(7) zu einer Kundin	(g) trinken
(8) hart	(h) arbeiten
(9) einen Flug	(i) machen
(10) nichts	(j) haben

2. Finden Sie die richtigen Partizipien und spielen Sie den Dialog zwischen Max und Paula Schneider.

Max

Paula

Wie war dein Tag, Paula?

Danke, gut.

Was hast du .... *(machen)?*

Nichts Besonderes. Ich habe sehr viele E-Mails .... *(lesen)* und .... *(schreiben).*

Hast du mit deinen Kollegen über das neue Projekt .... *(sprechen)*?

Ja, zuerst haben wir Kaffee .... *(trinken)*, dann haben wir über das Projekt .... *(sprechen)*. Viele Kollegen finden es sehr interessant. Ich hatte auch eine Besprechung mit Gästen aus Italien. Danach haben wir im Restaurant *Roma* Mittag .... *(essen).*

War das Essen gut?

Sehr gut.

Hast du heute dein Problem mit dem Computer .... *(lösen)*?

Ja, Oliver und ich haben das Problem gemeinsam .... *(lösen)*. Danach bin ich noch zu einer Kundin .... *(fahren).*

Du hast wirklich hart .... *(arbeiten)*!

Ja, den Flug nach London habe ich auch schon .... *(buchen)*. Und was hast du heute .... *(machen)*?

Ich hatte meinen freien Tag, das heißt, ich habe einfach mal nichts .... *(machen).*

3. Vergleichen Sie Ihre Lösungen in Aufgabe 1 mit dem Dialog.

Wer hat gestern ...?

Karte 1	Karte 2	Karte 3	Karte 4
Wer hat gestern die Zeitung gelesen?	Wer hat gestern Morgen nicht gefrühstückt?	Wer hat gestern Sport getrieben?	Wer ist gestern mit dem Fahrrad zur Arbeit gefahren?
Karte 5	**Karte 6**	**Karte 7**	**Karte 8**
Wer hat gestern mehr als fünf E-Mails geschrieben?	Wer war gestern den ganzen Tag zu Hause?	Wer hat gestern hart gearbeitet?	Wer hat gestern keinen Kaffee getrunken?
Karte 9	**Karte 10**	**Karte 11**	**Karte 12**
Wer ist gestern Morgen vor sieben Uhr aufgestanden?	Wer hat gestern keine Süßigkeit gegessen?	Wer hat gestern ferngesehen?	Wer hat gestern ein Instrument gespielt?
Karte 13	**Karte 14**	**Karte 15**	**Karte 16**
Wer hat gestern Obst gekauft?	Wer hat gestern Deutsch gesprochen?	Wer hat gestern etwas gekocht?	Wer hat gestern einen Termin vereinbart?

Können Sie das?

1. Kann Ihre Nachbarin/Ihr Nachbar das? Kreuzen Sie an.

Meine Nachbarin/Mein Nachbar kann …

	ja	nein
1. einen Drucker installieren	☐	☐
2. eine E-Mail in einer Fremdsprache lesen	☐	☐
3. eine E-Mail in einer Fremdsprache beantworten	☐	☐
4. Excel benutzen	☐	☐
5. Fotos bearbeiten	☐	☐

Redemittel

A: Kannst du …/Können Sie … *(einen Drucker installieren)*?

B: Ja, natürlich kann ich …
(einen Drucker installieren).
Ja, natürlich kann ich das.
Ja, ich kann das.

B: Nein, leider kann ich …
(keinen Drucker installieren).
Nein, leider kann ich das nicht.
Nein, ich kann das leider nicht.

2. Hat Ihre Nachbarin/Ihr Nachbar das schon einmal gemacht? Kreuzen Sie an.

Meine Nachbarin/Mein Nachbar hat schon einmal …

	ja	nein
1. ein Übersetzungsprogramm benutzt	☐	☐
2. einen Computer installiert	☐	☐
3. eine E-Mail auf Deutsch bekommen	☐	☐
4. ein wichtiges Dokument gelöscht	☐	☐

Redemittel

A: Hast du …/Haben Sie schon einmal … *(das Internet für deine/Ihre Arbeit benutzt)*?

B: Ja, natürlich habe ich schon einmal …
(das Internet für meine Arbeit benutzt).
Ja, ich habe das schon einmal gemacht.
Ja, das habe ich schon oft gemacht.

B: Nein, ich habe noch nie …
(das Internet für meine Arbeit benutzt).
Nein, ich habe das noch nie gemacht.
Nein, das habe ich noch nie gemacht.

Wann lernen wir Deutsch? [A]

Sie und Ihre Nachbarin/Ihr Nachbar möchten zusammen Deutsch lernen.
Sie brauchen mindestens zwei Stunden. Vereinbaren Sie einen Termin.

1. Schreiben Sie zuerst das Datum und die Wochentage.

	....	....	....	....	....
	Montag	....	....	....	....
8.00					
9.00					
10.00					
11.00					
12.00					
13.00					
14.00					
15.00		*Tisch reservieren!*			
16.00					
17.00		17.30 Mama abholen, Restaurant			
18.00	18.00 bis 20.00: Yoga		18.30 bis 21.00: Deutschkurs		
19.00					Irma abholen
20.00				Theater (Hamlet) mit Eva und Hans	
21.00					

2. Vereinbaren Sie jetzt den Termin.
   Sie arbeiten jeden Tag bis 17.00 Uhr, aber am Freitag haben Sie frei.

Redemittel

A: Können wir irgendwann zusammen Deutsch lernen? Wann haben Sie/hast du Zeit?
oder: Geht es am … *(Montag/13.)*/von … bis … Uhr/ab … Uhr?

B: Ja, das geht.
Ja, natürlich.
Ja, am … *(Montag)*/da habe ich Zeit.

A: Wunderbar./Toll!
Dann sehen wir uns am … um … Uhr.
Bis dann!

B: Am … *(Montag)*/da habe ich leider keine Zeit.
Geht es *(vielleicht)* am … *(Dienstag)*?
Geht es *(ein bisschen)* früher/später?

A: Ja, das geht./Ja, natürlich.
Wir sehen uns also am … um … Uhr.
Ich habe da einen Kinobesuch, aber ich kann das absagen.

Wann lernen wir Deutsch? [B]

Sie und Ihre Nachbarin/Ihr Nachbar möchten zusammen Deutsch lernen.
Sie brauchen mindestens zwei Stunden. Vereinbaren Sie einen Termin.

1. Schreiben Sie zuerst das Datum und die Wochentage.

	....	....	....	....	....
	Montag	....	....	....	....
8.00					
9.00					
10.00					
11.00					
12.00					12.00 bis 17.30: Sitzung in Karlsruhe
13.00			*Flug nach Istanbul buchen*		
14.00					
15.00					
16.00					
17.00	17.30 bis 19.00: Informatikkurs				
18.00			18.30 bis 21.00: Deutschkurs		*Geschenk kaufen*
19.00					
20.00		20.00 Kino mit Klaus		am Abend: schwimmen	
21.00					

2. Vereinbaren Sie jetzt den Termin.
   Sie arbeiten jeden Tag bis 16.00 Uhr.

Redemittel

A: Können wir irgendwann zusammen Deutsch lernen? Wann haben Sie/hast du Zeit?
oder: Geht es am … *(Montag/13.)*/von … bis … Uhr/ab … Uhr?

B: Ja, das geht.
Ja, natürlich.
Ja, am … *(Montag)*/da habe ich Zeit.

A: Wunderbar./Toll!
Dann sehen wir uns am … um … Uhr.
Bis dann!

B: Am … *(Montag)*/da habe ich leider keine Zeit.
Geht es *(vielleicht)* am … *(Dienstag)*?
Geht es *(ein bisschen)* früher/später?

A: Ja, das geht./Ja, natürlich.
Wir sehen uns also am … um … Uhr.
Ich habe da einen Kinobesuch, aber ich kann das absagen.

Situationen

Karte 1a

Es ist 10.00 Uhr morgens. Sie haben schreckliche Zahnschmerzen.

Rufen Sie den Zahnarzt an und vereinbaren Sie einen Termin.

Karte 1b

Sie sind Sekretär/in bei Zahnarzt Dr. Frenzel.

Jemand ruft an: Sie können ihr/ihm erst für heute Nachmittag um drei Uhr oder später einen Termin geben.

Karte 2a

Sie möchten Deutsch lernen.

Rufen Sie bei der Sprachenschule *Ludwig* an und fragen Sie:
Preis? Kursbeginn?
Wie viele Leute sind in der Gruppe?

Karte 2b

Sie arbeiten bei der Sprachenschule *Ludwig*.

Ihre Preise: 7 Euro pro Stunde

Kursbeginn:
am 15. (in jedem Monat)
maximal 10 Leute in der Gruppe

Karte 3a

Sie möchten ein neues, holländisches Fahrrad kaufen.

Sie möchten wissen:
Preis?
Öffnungszeiten morgen?

Karte 3b

Sie arbeiten in einem Fahrradgeschäft.

Sie verkaufen neue, preiswerte, deutsche und ausländische Fahrräder ab 299 Euro.

Öffnungszeiten:
Mo. bis Fr.: 9.00 bis 17.00 Uhr
Sa.: 9.00 bis 14.00 Uhr

Karte 4a

Sie suchen eine Gitarre für Ihren Sohn.

Sie möchten aber keine teure Gitarre! (Die Gitarre muss nicht neu sein.)
Sie möchten wissen:
Preise?
Öffnungszeiten?

Karte 4b

Sie arbeiten im Musikgeschäft „Mana".

Nächste Woche bekommen Sie neue Gitarren und Saxofone.
Preise: 260 bis 480 Euro.

Öffnungszeiten:
Mo.: geschlossen
Di. bis Fr.: 9.00 bis 18.30 Uhr
Sa.: 9.00 bis 15.30 Uhr

Satzbautraining [A]

1. Kontrollieren Sie die Sätze Ihrer Nachbarin/Ihres Nachbarn.

(1) Heute Abend schreibe ich einige E-Mails.

heute → gestern

(2) Gestern Abend habe ich einige E-Mails geschrieben.

ich → Herr Meier

(3) Gestern Abend hat Herr Meier einige E-Mails geschrieben.

gestern Abend → 19.00 bis 23.15 Uhr

(4) Von 19.00 bis 23.15 Uhr hat Herr Meier einige E-Mails geschrieben.

gestern → morgen Nachmittag | einige E-Mails → ein Artikel

(5) Morgen Nachmittag schreibt Herr Meier einen Artikel.

Herr Meier → Herr Meier und Frau Berger | schreiben → schreiben müssen

(6) Morgen Nachmittag müssen Herr Meier und Frau Berger einen Artikel schreiben.

2. Bilden Sie Sätze. Verändern Sie immer nur die vorgegebenen Wörter.

(1) Ihre Arbeitszeit fängt heute um 8.30 Uhr an.

Sie → du | . → ?

(2) ....

heute → gestern

(3) ....

du → ihr | gestern → schon

(4) ....

ihr → ich | ? → .

(5) ....

anfangen → aufhören | 8.30 → 16.00 Uhr

(6) ....

Satzbautraining [B]

1. Bilden Sie Sätze. Verändern Sie immer nur die vorgegebenen Wörter.

(1) Heute Abend schreibe ich einige E-Mails.

heute → gestern

(2) ....

ich → Herr Meier

(3) ....

gestern Abend → 19.00 bis 23.15 Uhr

(4) ....

gestern → morgen Nachmittag | einige E-Mails → ein Artikel

(5) ....

Herr Meier → Herr Meier und Frau Berger | schreiben → schreiben müssen

(6) ....

2. Kontrollieren Sie die Sätze Ihrer Nachbarin/Ihres Nachbarn.

(1) Ihre Arbeitszeit fängt heute um 8.30 Uhr an.

Sie → du | . → ?

(2) Fängt deine Arbeitszeit heute um 8.30 Uhr an?

heute → gestern

(3) Hat deine Arbeitszeit gestern um 8.30 Uhr angefangen?

du → ihr | gestern → schon

(4) Hat eure Arbeitszeit schon um 8.30 Uhr angefangen?

ihr → ich | ? → .

(5) Meine Arbeitszeit hat schon um 8.30 Uhr angefangen.

anfangen → aufhören | 8.30 → 16.00 Uhr

(6) Meine Arbeitszeit hat schon um 16.00 Uhr aufgehört.

Grammatik- und Wortschatztraining

1. Ergänzen Sie die Verben im Perfekt.

Präsens	Perfekt	Präsens	Perfekt
fragen	*ich habe gefragt*	machen	....
arbeiten	*ich*	lesen !	....
kommen !	....	buchen	....
einkaufen	....	hören	....
besuchen	....	tanzen	....
trinken !	....	frühstücken	....
essen !	....	bezahlen	....
sprechen !	....	aufstehen !	....
anrufen !	....	gehen !	....
beginnen !	....	übersetzen	....
studieren	....	fahren !	....
kopieren	....	schlafen !	....
speichern	....	schreiben !	....
wohnen	....	anfangen !	....
vereinbaren	....	einschalten	....

2. Sammeln Sie viele passende Nomen. Achten Sie auf den Kasus.

   1. Was hat Herr Kahn heute Morgen repariert? *Er hat den (kaputten) Drucker,* ....
   .... *repariert.*
   2. Was hat Frau Müller heute gefrühstückt? ....
   ....
   3. Wen hat Familie Klein am Mittwoch besucht? ....
   ....
   4. Was hat Max von 2014 bis 2018 studiert? ....
   ....
   5. In welchem Land hat Lydia früher gelebt? ....
   ....
   6. Was hat die Assistentin fotokopiert? ....
   ....
   ....

Wiederholungstest

1. Schreiben Sie Sätze im Präsens. Schreiben Sie das Datum und die Uhrzeit in Worten.
   1. Karl – ankommen – 3. Juni, 17.30 Uhr

      ....

   2. der Deutschkurs – beginnen – 17.5., 18.00 Uhr

      ....

   3. die Fotoausstellung – geöffnet – 2.6. bis 16.8.

      ....

   4. das Flugzeug aus Lissabon – landen – 22.12., 22.45 Uhr

      ....

   5. die Konferenz – enden – 1. März

      ....

.... /10 Punkte

2. Computerbefehle. Ergänzen Sie den Satz mit einem Verb.
   1. Mein Computer ist kaputt. Kannst du ihn *reparieren?*
   2. Ich habe einen neuen Drucker gekauft. Können Sie ihn ....
   3. Ich muss diese E-Mail heute noch schicken, denn Ralf muss sie heute noch ....
   4. Der Text ist weg. Ich habe ihn nicht ....
   5. Ich brauche den Computer heute nicht mehr. Ich .... ihn ....
   6. Da steht der Drucker. Da könnt ihr den Artikel ....

.... /5 Punkte

3. Einen Termin vereinbaren. Ergänzen Sie den Dialog.

A: Guten Morgen, Stefan Berger hier.
Ich habe ein...... Problem: Mein...... Waschmaschine ist kaputt. Ich möchte ein...... Termin für die Reparatur vereinbaren. Kann d...... Monteur heute noch kommen?

B: Moment mal. Nein, heute ist es leider nicht möglich.

A: Und morgen Vormittag?

B: Es tut mir leid, aber morgen hat d...... Monteur am Vormittag kein...... Zeit.
Er kann aber am Nachmittag kommen.

A: Nein, das ist nicht so günstig. Ich muss am Nachmittag nach Köln fahren. Kann er vielleicht am Donnerstag mein...... Waschmaschine reparieren? Da bin ich den ganzen Tag zu Hause.

B: Donnerstag – das ist d...... 12.5. Da könnte der Monteur um 12.30 Uhr vorbeikommen.

A: Ja, sehr gut. Ich erwarte d...... Monteur am Donnerstag.

B: Gut, ich brauche noch Ihr...... Adresse und Ihr...... Telefonnummer.

.... /10 Punkte

4. Ergänzen Sie die Modalverben.

1. Unsere Kaffeemaschine ist kaputt. Wir *können* keinen Kaffee kochen.
2. Mein Sohn isst nicht gern Schokolade. Er .... keine Schokolade.
3. Morgen ist Samstag. Ihr .... nicht arbeiten.
4. Mein Chef sagt, ich .... diese Briefe heute Nachmittag beantworten.
5. .... ihr auch ein Stück Apfelkuchen? Ja, gern.
6. .... du meinen Kühlschrank reparieren? Ich??? Ich bin kein Monteur!

.... /5 Punkte

5. Olga erzählt über ihren gestrigen Tag. Ergänzen Sie die Sätze.

1. Ich *bin* gestern um 8.00 Uhr *aufgestanden*. *(aufstehen)*
2. Dann .... ich mit meinem Mann .... *(frühstücken)*
3. Wir .... Müsli .... *(essen)*
4. Meine Arbeitszeit .... um 9.00 Uhr .... *(anfangen)*
5. Ich .... bis 17.00 Uhr .... *(arbeiten)*
6. Danach .... ich nach Hause .... *(fahren)*
7. Ich .... um 18.00 Uhr nach Hause .... *(kommen)*
8. Mein Mann .... und das Abendessen .... *(einkaufen, kochen)*
9. Nach dem Abendessen .... wir noch ein bisschen .... *(diskutieren)*.
10. Um 23.00 Uhr .... ich ins Bett .... *(gehen)*

.... /10 Punkte

6. Welches Wort passt?

1. Max, soll ich die Kinokarten kaufen? Nein, das *brauchst* du nicht.
   a) ☐ brauchen b) ☒ brauchst c) ☐ braucht
2. Hast du Frau Krüger angerufen? Nein, ich habe .... noch nicht angerufen.
   a) ☐ sie b) ☐ ihn c) ☐ es
3. Petra soll .... Chef ein Hotelzimmer buchen.
   a) ☐ mit seinem b) ☐ für ihren c) ☐ in ihren
4. .... ihr oft fern? Nein, nur eine halbe Stunde pro Tag.
   a) ☐ Sieht b) ☐ Sehen c) ☐ Seht
5. Morgen müssen wir mit der neuen Kollegin ein Gespräch ....
   a) ☐ machen b) ☐ führen c) ☐ nehmen
6. Entschuldigung, haben Sie den Brief an Herrn Au schon ....?
   a) ☐ geschrieben b) ☐ gehört c) ☐ vereinbart

.... /5 Punkte

Insgesamt: .... /45 Punkte

Prüfungsvorbereitung *Goethe-Zertifikat A1: Start Deutsch 1*

1. Lesen Sie die E-Mail und entscheiden Sie: Sind die Sätze richtig oder falsch?

Neue Nachricht

Von: **An:**

Betreff:

Hallo Hans,

es tut mir leid, aber wir können heute Abend nicht zusammen ins Kino gehen.
Ich hatte heute Morgen ein Problem mit meinem Computer. Dann habe ich bis zwei Uhr nachmittags auf den Monteur gewartet! Mein Computer funktioniert jetzt wieder, aber ich habe noch sehr viel Arbeit. Ich muss noch zehn E-Mails und einen langen Bericht schreiben! Vielleicht schlafe ich hier, im Büro :))
Läuft der Film auch morgen? Hast du morgen Abend Zeit? Dann können wir morgen ins Kino gehen. Was meinst du?

Hoffentlich bis morgen.
Viele Grüße
Judith

Senden

	richtig	falsch
1. Judith muss heute Abend lange arbeiten.	☐	☐
2. Judith möchte den Film nicht sehen.	☐	☐
3. Der Monteur hat den Computer nicht repariert.	☐	☐

2. Sie brauchen Informationen.
Lesen Sie die Angebote a) und b) und entscheiden Sie: Auf welcher Website finde ich die Information?

(1) Sie möchten einen Informatikkurs besuchen, aber Sie haben nur von 15.00 bis 17.00 Uhr Zeit.

a) **www.informatikkurs.de**
Informatik lernen?
Informatikkurse für Anfänger und Fortgeschrittene
Europäische Qualifikationen!
Nachmittags- und Abendkurse
Rufen Sie an! (0554) 3 41 87 33

b) **www.allesuebercomputer.com**
Willkommen auf unserer Website!
Hier finden Sie alles rund um den Computer!
NEU! Reparatur und Verkauf von gebrauchten Computern

(2) Ihr Scanner ist kaputt und Sie suchen nach Reparaturmöglichkeiten.

a) **www.neu_und_gebraucht.de**
Bei uns finden Sie neue und gebrauchte Computer, Scanner, Drucker, Lautsprecher usw.
Zwei Jahre Garantie auf alle Produkte!

b) **www.fachmann.com**
Haben Sie Probleme mit einem elektrischen Gerät?
- Wir kommen und reparieren es!
- Schnell, preisgünstig und zuverlässig.
- Ja, das sind wir!
- Rufen Sie uns an!

Wie ist das Wetter in …? [A]

1. Hier sehen Sie die Wettervorhersage für den 7. November.
   Diskutieren Sie und ergänzen Sie die fehlenden Informationen.

1
Stadt: ....
Wetter: 
Temperatur: 15 °C

2
Stadt: Marseille
Wetter: 
Temperatur: 21 °C

3
Stadt: Belgrad
Wetter: 
Temperatur: 12 °C

4
Stadt: Zürich
Wetter: ....
....
Temperatur: ....

5
Stadt: Neapel
Wetter: 
Temperatur: 21 °C

6
Stadt: Miami
Wetter: 
Temperatur: ....

7
Stadt: Buenos Aires
Wetter: 
Temperatur: 23 °C

8
Stadt: ....
Wetter: 
Temperatur: 27 °C

9
Stadt: Delhi
Wetter: 
Temperatur: ....

10
Stadt: Tokio
Wetter: 
Temperatur: 24 °C

11
Stadt: ....
Wetter: ....
....
Temperatur: 11 °C

2. Wo liegen diese Städte? Nennen Sie die Länder.

   Marseille liegt in Frankreich, …

Wie ist das Wetter in …? [B]

1. Hier sehen Sie die Wettervorhersage für den 7. November.
   Diskutieren Sie und ergänzen Sie die fehlenden Informationen.

1
Stadt: London
Wetter: 
Temperatur: 15 °C

2
Stadt: Marseille
Wetter: 
Temperatur: ....

3
Stadt: ....
Wetter: 
Temperatur: 12 °C

4
Stadt: Zürich
Wetter: 
Temperatur: 10 °C

5
Stadt: ....
Wetter: 
Temperatur: 21 °C

6
Stadt: Miami
Wetter: 
Temperatur: 29 °C

7
Stadt: Buenos Aires
Wetter: ....
....
Temperatur: ....

8
Stadt: Kapstadt
Wetter: 
Temperatur: 27 °C

9
Stadt: Delhi
Wetter: 
Temperatur: 29 °C

10
Stadt: Tokio
Wetter: 
Temperatur: ....

11
Stadt: Moskau
Wetter: 
Temperatur: 11 °C

2. Wo liegen diese Städte? Nennen Sie die Länder.

   Marseille liegt in Frankreich, …

Artikel und Nomen

Hier finden Sie einige Regeln zur Artikelbestimmung.

1. Ergänzen Sie. Das sind **maskuline Nomen**:

a) die vier Jahreszeiten

der Winter, ...

....

b) die zwölf Monate

der Januar, ...

....

....

....

c) die Wochentage

der Montag, ...

....

d) die Tageszeiten

der Morgen, ...

....

ABER: die Nacht, **die** Mitternacht (!)

e) die Niederschläge, viele Wörter rund um das Wetter

der Sturm, ...

....

2. Ergänzen Sie. Das sind **feminine Nomen**:

a) Nomen auf *-e* von den Adjektiven: *warm, kalt, heiß, sonnig, bewölkt*

die Wärme, ...

b) eine Tageszeit: ....

Was nehmen Sie in den Urlaub mit?

1. Schreiben Sie zuerst die Namen der Gegenstände und Kleidungsstücke.

maskulin	feminin	neutral
 der Fotoapparat		 ....
	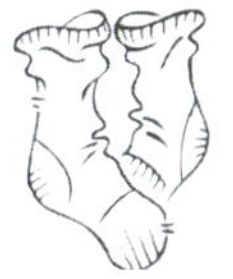	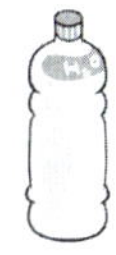 ....
		 ....
		 ....
		 ....
		 ....
		 ....

2. Was nehmen Sie in den Urlaub mit? Diskutieren Sie.

A: Nimmst du *(Nehmen Sie/Nehmt ihr)* deinen/einen *(Ihren/euren)* Fotoapparat in den Urlaub mit?

B: Ja, natürlich, denn ich mache immer sehr viele Fotos.

B: Nein. Der Fotoapparat ist für mich nicht so wichtig, denn ich mache selten Fotos.

B: Nein, ich nehme nie einen Fotoapparat mit, denn ich mache nie Fotos.

B: Und du/Sie?

A: Ich auch (nicht). ⟷ Ich schon.

Was kann man tun?

Karte 1	Karte 2	Karte 3	Karte 4
in Deutschland einen Deutschkurs machen	**zum Zahnarzt gehen**	**den Monteur anrufen**	**weniger fernsehen**
Sie haben Zahnschmerzen.	Ihre Waschmaschine ist kaputt.	Sie haben keine Zeit zum Deutschlernen.	Sie müssen Informationen über die Firma Magellan finden.

Karte 5	Karte 6	Karte 7	Karte 8
im Internet nach Informationen suchen	**Das ist wirklich ein Problem.**	**viel frisches Gemüse essen, Sport treiben**	**ins Reisebüro „Istanbul" gehen**
Am Monatsende haben Sie nie Geld.	Sie möchten gesund leben.	Sie möchten in die Türkei fahren und suchen nach billigen Flügen.	Sie möchten besser Deutsch sprechen.

Karte 9	Karte 10	Karte 11	Karte 12
Ihren Freund anrufen: Er kauft und verkauft Musikinstrumente.	**im Internet ein Hotelzimmer buchen**	**einen Regenschirm mitnehmen**	**nicht so viele SMS schicken**
Sie fahren zum Karneval in Venedig und haben noch kein Hotelzimmer.	Sie fahren nächste Woche nach England.	Ihre Handyrechnung ist immer sehr hoch.	Sie sind abends immer sehr müde.

Karte 13	Karte 14	Karte 15	Karte 16
weniger arbeiten	**zum Augenarzt gehen**	**ins Schuhgeschäft am Karlsplatz gehen**	**in die Alpen fahren**
Sie brauchen eine Brille.	Sie möchten neue Sommerschuhe kaufen.	Sie möchten in Europa Ski fahren.	Sie möchten Ihre alte Violine verkaufen.

Vor dem Urlaub

Ergänzen Sie den Text.

finden *(2x)* ▪ haben ▪ kaufen *(3x)* ▪ packen ▪ brauchen ▪ fahren ▪ sein ▪ gefallen ▪ passen *(2x)* ▪ anprobieren ▪ sehen ▪ machen *(2x)* ▪ umtauschen

Frau: Liebling, das Flugzeug *fliegt* in vier Stunden. Hast du deinen Koffer schon .... (1)?

Mann: Nein. Ich .... (2) noch nicht fertig. Ich kann meine Badehose und meinen Fotoapparat nicht .... (3). Und ich .... (4) kein schönes Hemd und keinen Anzug.

Frau: Aber du hast doch am Freitag ein neues Hemd, einen neuen Anzug und ein paar Sportschuhe für den Urlaub .... (5)!

Mann: Ja, ich habe ein neues Hemd und einen Anzug .... (6). Aber das neue Hemd .... (7) mir nun doch nicht. Und der Anzug .... (8) mir nicht.

Frau: Der Anzug .... (9) dir nicht? Hast du ihn nicht .... (10)?

Mann: Nein, ich hatte keine Zeit.

Frau: Du hattest keine Zeit?

Mann: Nein, ich hatte keine Zeit und jetzt kann ich ihn nicht mehr .... (11). Wir fahren ja gleich. Hast du meinen neuen Fotoapparat .... (12)?

Frau: Hast du auch einen neuen Fotoapparat?

Mann: Natürlich. Ich will doch im Urlaub schöne Bilder .... (13).

Frau: Mein Handy .... (14) auch schöne Fotos. Da .... (15) du keinen Fotoapparat. Außerdem hast du noch zwei alte Fotoapparate. Schau mal in deinen Schrank. Vielleicht .... (16) du dort auch deine Badehose.

Mann: Ah. Hier ist er, der neue Fotoapparat. Und hier ist auch die Badehose. Dann können wir jetzt zum Flughafen .... (17). Ein neues Hemd und einen Anzug .... (18) ich in Italien.

Urlaub in Italien [A]

1. Herr und Frau Müller packen ihren Koffer. Welche Gegenstände und Kleidungsstücke erkennen Sie? Schreiben Sie eine Liste.

1 
der Koffer

2 
....

3 
....

4 
....

5 
....

6 
....

7 
....

8 
....

9 
....

10 
....

11 
....

12 
....

13 
....

14 
....

15 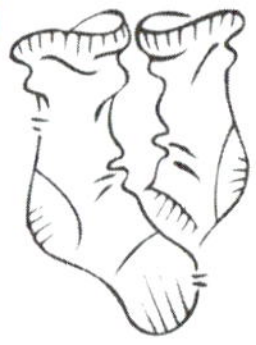
....

2. Frau und Herr Müller fliegen bald nach Italien. Das erzählt Ihnen Frau Müller vor dem Urlaub:

Mein Mann und ich reisen am 22. Juli nach Rom und bleiben zehn Tage dort. Wir haben ein sehr schönes Doppelzimmer in einem Vier-Sterne-Hotel gebucht. Das Hotel liegt zentral, in der Nähe vom Hauptbahnhof.
In der Stadtmitte gibt es sehr viele gute Restaurants. Wir wollen viele italienische Spezialitäten ausprobieren!
In Rom gibt es sehr viele Sehenswürdigkeiten. Alles können wir natürlich nicht besichtigen, aber ich möchte das Kolosseum und die Vatikanischen Museen unbedingt sehen. Im Kolosseum ist der Eintritt frei und für die Vatikanischen Museen kostet eine Eintrittskarte ungefähr zehn Euro, glaube ich.
Natürlich wollen wir in Rom auch einkaufen. Ich kaufe mir ein neues Kleid, eine neue Bluse und einen kurzen Rock.
Mein Mann bringt seinen Fotoapparat mit, er macht bestimmt wieder sehr schöne Fotos ...

Urlaub in Italien [B]

1. Herr und Frau Müller packen ihren Koffer. Welche Gegenstände und Kleidungsstücke erkennen Sie? Schreiben Sie eine Liste.

1 
der Koffer

2 
....

3 
....

4 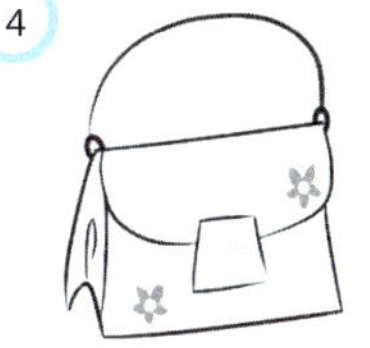
....

5 
....

6 
....

7 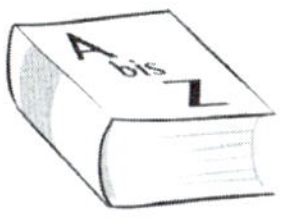

....

8 
....

9 
....

10 
....

11 
....

12 
....

13 
....

14 
....

15 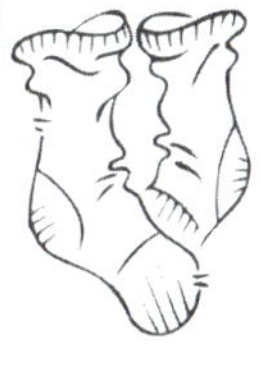
....

2. Frau und Herr Müller sind wieder in Deutschland. Das erzählt Ihnen Frau Müller nach dem Urlaub:

Ich bin ein bisschen müde, denn wir sind gestern Abend aus Rom zurückgeflogen. Leider sind wir nur sieben Tage geblieben, denn mein Mann hat einen Anruf von seinem Chef bekommen. Aber die Zeit in Rom war wunderbar!
Wir haben in einem Vier-Sterne-Hotel in der Nähe vom Hauptbahnhof übernachtet. Ich habe leider nicht so gut geschlafen, denn der Lärm auf der Straße war auch nachts sehr groß.
Wir haben jeden Tag leckere italienische Spezialitäten und viel Eis gegessen. Ich habe auch einige Kleidungsstücke gekauft: ein gelbes Kleid, eine rote Bluse, zwei Paar Schuhe, einen kurzen und einen langen schwarzen Rock und einen neuen Bikini. Jetzt habe ich wieder einige Sachen zum Anziehen.
Wir haben sehr viele Gebäude besichtigt. Wir waren im Kolosseum, im Petersdom und in den Vatikanischen Museen. Leider hat mein Mann nicht so viele Fotos gemacht, denn sein Fotoapparat war am dritten Tag kaputt. Der Eintritt ins Kolosseum war nicht frei, wir haben 4,50 Euro pro Person bezahlt, das habe ich ein bisschen teuer gefunden ...

Wann fliegt mein Flugzeug?

Karte 1	Karte 2	Karte 3	Karte 4
Berlin–Stuttgart Abflug: 7.45 Ankunft: 9.00 **Berlin–New York**	**Berlin–New York** Abflug: 11.50 Ankunft: 22.15 **Berlin–Kiew**	**Berlin–Kiew** Abflug: 14.30 Ankunft: 18.30 **Mailand–Berlin**	**Mailand–Berlin** Abflug: 21.30 Ankunft: 23.10 **Berlin–Prag**
Karte 5	**Karte 6**	**Karte 7**	**Karte 8**
Berlin–Prag Abflug: 12.05 Ankunft: 13.05 **Hamburg–Kopenhagen**	**Hamburg–Kopenhagen** Abflug: 17.30 Ankunft: 19.50 **Berlin–London**	**Berlin–London** Abflug: 19.30 Ankunft: 22.30 **Amsterdam–Berlin**	**Amsterdam–Berlin** Abflug: 8.50 Ankunft: 12.00 **Berlin–Stuttgart**
Karte 9	**Karte 10**	**Karte 11**	**Karte 12**
Berlin–Stockholm Abflug: 16.55 Ankunft: 18.45 **Frankfurt/M.–Paris**	**Frankfurt/M.–Paris** Abflug: 12.40 Ankunft: 13.50 **Berlin–Athen**	**Berlin–Athen** Abflug: 11.20 Ankunft: 16.20 **Kairo–Berlin**	**Kairo–Berlin** Abflug: 11.30 Ankunft: 18.15 **München–Neapel**
Karte 13	**Karte 14**	**Karte 15**	**Karte 16**
München–Neapel Abflug: 8.15 Ankunft: 10.05 **Frankfurt/M.–Ottawa**	**Frankfurt/M.–Ottawa** Abflug: 6.35 Ankunft: 16.35 **Berlin–Peking**	**Berlin–Peking** Abflug: 13.15 Ankunft: 1.00 **Neu-Delhi–Frankfurt/M.**	**Neu-Delhi–Frankfurt/M.** Abflug: 3.05 Ankunft: 10.15 **Berlin–New York**

Der Urlaub von Georg

Georg hat auch Urlaub gemacht. Was erzählt er?

Karte 1

aufgestanden, geduscht, gefrühstückt

Karte 2

zum Flughafen gefahren

Karte 3

in Marseille angekommen, zum Hotel gefahren

Karte 4

im Hotelzimmer ausgepackt, Badehose angezogen

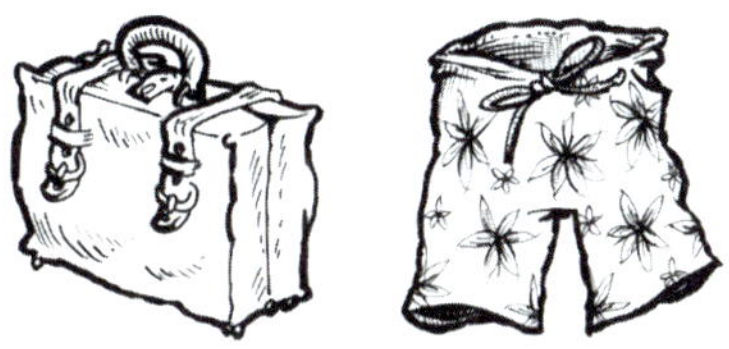

Karte 5

zum Strand gegangen, heiß

Karte 6

plötzlich schlechtes Wetter, zurück ins Hotel gelaufen

Karte 7

eine Woche lang geregnet!!!

Karte 8

Aber: Im Hotel eine nette Französin kennengelernt. Sie heißt Céline.

um … Uhr → dann/danach → anschließend → später

Satzbautraining [A]

1. Kontrollieren Sie die Sätze Ihrer Nachbarin/Ihres Nachbarn.

(1) Im Januar fliegen wir nach Barcelona.

Januar → Sommer | wir → Familie Marx

(2) Im Sommer fliegt Familie Marx nach Barcelona.

Barcelona → die Ostsee | . → ?

(3) Fliegt Familie Marx im Sommer an die Ostsee?

im Sommer → 1990

(4) Ist Familie Marx 1990 an die Ostsee geflogen?

Familie Marx → du | fliegen → fahren

(5) Bist du 1990 an die Ostsee gefahren?

du → Sie | die Ostsee → die Schweiz

(6) Sind Sie 1990 in die Schweiz gefahren?

2. Bilden Sie Sätze. Verändern Sie immer nur die vorgegebenen Wörter.

(1) Erika hat letzte Woche einen warmen Pullover gekauft.

Erika → ich | warm → rot

(2) ....

letzte Woche → letztes Wochenende

(3) ....

letztes Wochenende → übermorgen

(4) ....

ich → ihr | . → !

(5) ....

kaufen → kaufen möchten | ! → ?

(6) ....

Satzbautraining [B]

1. Bilden Sie Sätze. Verändern Sie immer nur die vorgegebenen Wörter.

(1) Im Januar fliegen wir nach Barcelona.

Januar → Sommer | wir → Familie Marx

(2) ....

Barcelona → die Ostsee | . → ?

(3) ....

im Sommer → 1990

(4) ....

Familie Marx → du | fliegen → fahren

(5) ....

du → Sie | die Ostsee → die Schweiz

(6) ....

2. Kontrollieren Sie die Sätze Ihrer Nachbarin/Ihres Nachbarn.

(1) Erika hat letzte Woche einen warmen Pullover gekauft.

Erika → ich | warm → rot

(2) Ich habe letzte Woche einen roten Pullover gekauft.

letzte Woche → letztes Wochenende

(3) Ich habe letztes Wochenende einen roten Pullover gekauft.

letztes Wochenende → übermorgen

(4) Ich kaufe übermorgen einen roten Pullover.

ich → ihr | . → !

(5) Kauft übermorgen einen roten Pullover!

kaufen → kaufen möchten | ! → ?

(6) Möchtet ihr übermorgen einen roten Pullover kaufen?

Grammatik- und Wortschatztraining

1. Ergänzen Sie den Imperativ.

	essen	trinken	fahren	nehmen	aufstehen
du	*Iss!*	....	....	....	....
ihr	....	....	....	....	....
Sie	....	....	....	....	....

	lesen	spielen	sprechen	warten	schreiben
du	....	....	....	....	....
ihr	....	....	....	....	....
Sie	....	....	....	....	....

2. Sammeln Sie viele passende Nomen und bilden Sie Sätze.

   1. Probier *dieses Kleid*, … an!

      ....

      ....

   2. Iss *einen Joghurt*, …

      ....

      ....

   3. Fahren Sie mit *dem Schiff*, …

      ....

      ....

   4. Fahren Sie *nach Italien*, …

      ....

      ....

   5. Lest *diesen Brief*, …

      ....

      ....

   6. Besucht *eure Eltern*, …

      ....

      ....

Wiederholungstest

1. Wie heißen diese Sachen? Vergessen Sie den Artikel nicht.

1	2	3	4	5	6
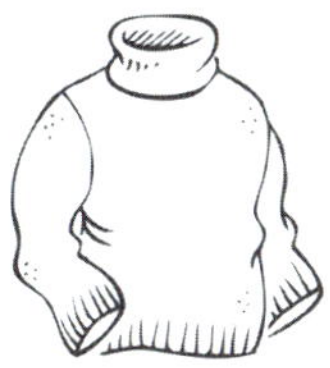					
der Pullover	....	....	....	....	....

.... /5 Punkte

2. Wie ist das Wetter in London und Warschau?
   Schreiben Sie drei kurze Sätze über London und drei Sätze über Warschau.

   a) Es ist Herbst in London:

   10 °C

   ....

   ....

   ....

   b) Es ist Winter in Warschau:

   -7 °C

   ....

   ....

   ....

.... /6 Punkte

3. Ergänzen Sie die Präpositionen.
   1. Nächstes Jahr will ich .... die Türkei fahren.
   2. Mein Freund möchte einmal .... Japan fliegen.
   3. Gehst du morgen .... Magdalena?
   4. Warum fahrt ihr jedes Jahr .... die Nordsee?
   5. 2004 sind wir .... die Kanarischen Inseln geflogen.
   6. Fahren Sie .... dem Auto .... München?

.... /7 Punkte

4. Ergänzen Sie die Minidialoge logisch.

1.	Liebst du mich?	Ja, natürlich liebe ich *dich*.
2.	Gefällt euch dieses Kleid?	Nein, es gefällt .... nicht.
3.	Kann ich deinen Pullover haben?	Natürlich kannst du .... haben.
4.	Schmeckt Klara die Suppe?	Nein, sie schmeckt .... gar nicht.
5.	Hast du Paul und Birgit heute schon gesehen?	Nein, ich habe .... heute noch nicht gesehen.
6.	Herr Meier, können Sie mir helfen?	Ja, natürlich kann ich .... helfen.

.... /5 Punkte

5. Geben Sie Ratschläge.

1.	Frau Konrad, soll ich Ihnen helfen?	Ja, bitte *helfen Sie mir!*
2.	Soll ich dich morgen besuchen?	Ja, bitte ....
3.	Mama, soll ich heute Abend Brot kaufen?	Ja, bitte ....
4.	Sollen wir den Fernseher ausschalten?	Ja, bitte ....
5.	Soll ich einen Obstsalat nehmen?	Ja, ..., er schmeckt ausgezeichnet!
6.	Was meinen Sie? Soll ich nächstes Jahr nach Puerto Rico fahren?	Nein, ...

.... /10 Punkte

6. Am Bahnhof. Ergänzen Sie die fehlenden Wörter. Zwei Wörter kommen zweimal vor.

Passagier:	Guten Tag. Eine Fahrkarte .... Hamburg bitte.
Frau am Schalter:	.... wollen Sie fahren?
Passagier:	Diesen Donnerstag.
Frau am Schalter:	.... oder nachmittags?
Passagier:	Nachmittags.
Frau am Schalter:	Es fährt ein .... um 14.45 Uhr, aber dann müssen Sie in Düsseldorf ....
Passagier:	Das ist kein Problem. Wann .... ich in Hamburg ....?
Frau am Schalter:	Um 19.15 Uhr. Möchten Sie eine Hin- und ....oder eine .... Fahrt?
Passagier:	Eine .... Fahrt.
Frau am Schalter:	Fahren Sie erste oder zweite ....?
Passagier:	Zweite. Ich möchte auch einen .... reservieren. Von welchem .... fährt der Zug?
Frau am Schalter:	Von .... sechs. 75,30 Euro, bitte.
Passagier:	Danke. Auf ....

.... /12 Punkte

Insgesamt: .... /45 Punkte

Prüfungsvorbereitung *Goethe-Zertifikat A1: Start Deutsch 1*

1. Ihre Kollegin, Paula Eberle, ihr Mann und ihre Tochter (sieben Jahre alt) buchen einen Flug nach Lima/Peru. Sie möchten ein günstiges Flugticket kaufen und mit MasterCard zahlen. Sie fliegen am 3. Januar und kommen zwei Wochen später nach Deutschland zurück.
Schreiben Sie die fünf fehlenden Informationen in das Formular.

Buchungsformular

Genaues Datum:

Abflug	Rückflug	
3. Januar	…………………	
von	nach	
Berlin	…………………	
Anzahl der Passagiere:		
Erwachsene:	………	
Kinder unter 12:	*eins*	
Babys (unter 2):	*keins*	
Klasse:		
Business ☐	erste ☐	zweite ☐
Zahlungsweise:	…………………………	
Name:	*Paula Eberle*	
Wohnort: (Straße, Hausnummer, PLZ, Stadt)	*Joachimstr. 33* *10828 Berlin*	
Wohnsitz: (Land)	…………………	
Telefonnummer:	*(030) 8 77 73 99*	

2. Ihre Freundin Anna möchte im Winter in Paris Urlaub machen.
Schreiben Sie ihr eine E-Mail. Geben Sie folgende Informationen:

- Sie waren schon einmal im Winter in Paris.
- Geben Sie Informationen über das Wetter im Winter in Paris. (Sie dürfen natürlich improvisieren.)
- Schreiben Sie: Was soll Anna in den Urlaub mitnehmen?

Vergessen Sie die Anrede- und Abschiedsformel nicht.

Zusammengesetzte Wörter

1. Bilden Sie zusammengesetzte Wörter aus Verb und Nomen. Vergessen Sie den Artikel nicht.

a. Regelmäßige Bildung:

1. An diesem Tisch kann man schreiben: *der Schreibtisch, -e*
2. Auf diesem Platz kann man sitzen: ………………………, ¨-e
3. In diesem Zimmer kann man schlafen: ………………………, -
4. In diesen Schuhen kann man turnen: ………………………*(Pl.)*
5. Mit diesem Buch kann man kochen: ………………………, ¨-er
6. In diesem Zimmer wohnt man, hört man Musik usw.: ………………………, -
7. Mit dieser Maschine kann man waschen: ………………………,-n
8. Diese Wohnung mietet man: ………………………, -en
9. In diesem Kurs lernt man tanzen: ………………………, -e
10. Mit dieser Karte kann man fahren: ………………………, -n
11. Dieses Verbot sagt: Sie dürfen hier nicht parken: ………………………, -e
12. An diesem Punkt trifft man Leute (z. B. Freunde): ………………………, -e

b. Das *-e* des Infinitivs bleibt:

13. In dieser Hose kann man baden: *Badehose, -n*
14. Mit dieser Brille kann man lesen: ………………………, -n
15. An diesem Tag reist man an: ………………………, -e

c. Anstelle des *-e* des Infinitivs tritt *-s*:

16. An diesem Platz arbeitet man: *Arbeitsplatz, ¨-e*

2. Jetzt sind Sie dran. Schreiben Sie Definitionen.

1. der Esstisch, -e: *An diesem Tisch kann man essen.*
2. das Esszimmer, -: ………………………
3. die Kopiermaschine, -n: ………………………
4. der Schlafanzug, ¨-e: ………………………
5. der Spielplatz, ¨-e: ………………………
6. der Abreisetag, -e: ………………………
7. das Arbeitszimmer, -: ………………………
8. das Rauchverbot, -e: ………………………
9. der Arbeitstag, -e: ………………………
10. der Parkplatz, ¨-e: ………………………

Eine neue Wohnung

Ergänzen Sie den Dialog.

Frau Holzbein: Holzbein.

Frau Knaup: Ja, guten Morgen, Frau Holzbein. Sabine Knaup hier, Immobilienagentur *Schöner Wohnen*. Ich habe drei .... für Sie.

Frau Holzbein: Oh, das ist ja toll!

Frau Knaup: Eine ....-Wohnung. Sie ist in der Beethovenstraße, also im Osten. Sie hat ein großes .... und ein sehr schönes helles ....

Frau Holzbein: Hat die Wohnung einen ....?

Frau Knaup: Nein, aber einen kleinen ....

Frau Holzbein: Einen .... Das heißt, sie ist im ....

Frau Knaup: Ja, aber der .... ist wunderbar. Sie können die Wohnung morgen besichtigen.

Frau Holzbein: Was kostet die Wohnung?

Frau Knaup: Die Wohnung kostet 700 Euro.

Frau Holzbein: Mit ....?

Frau Knaup: Nein, ohne ....

Frau Holzbein: Das ist aber teuer für zwei Zimmer. Haben Sie noch eine andere Wohnung?

Frau Knaup: In der Goldschmiedstraße ist auch eine Wohnung frei. Sie hat drei ...., sie liegt im Zentrum, hat ein ...., einen .... und ein sehr großes .... Die Wohnung ist in der dritten ....

Frau Holzbein: Das klingt sehr gut. Wie hoch ist die ....?

Frau Knaup: 900 Euro, ohne Nebenkosten. Aber die Wohnung ist wirklich traumhaft!

Frau Holzbein: Ja, die Wohnung hat alles: ...., ..., die richtige Lage, aber sie ist zu teuer.

Frau Knaup: Ich habe noch eine kleine ....-Wohnung in der Sternstraße am .... Sie ist in einer sehr kinderfreundlichen Umgebung mit einem großen .... Sie hat ein Bad, einen Balkon und ist in der zweiten .... Und sie kostet nur 600 Euro inklusive Nebenkosten.

Frau Holzbein: Nein, Frau Knaup, ich habe keine Kinder und ich möchte auch nicht am .... wohnen. Wie hoch sind die .... in der zweiten Wohnung?

Frau Holzbein: In der Goldschmiedstraße … Moment, … ungefähr 200 Euro.

Frau Knaup: Also, mir gefallen alle Angebote nicht. Ich warte lieber noch ein bisschen.

Frau Holzbein: Gut, Frau Holzbein. Ich rufe Sie wieder an …

Frau Knaup: Ja, herzlichen Dank und auf ....

Frau Holzbein: Auf Wiederhören.

Situationen

Karte 1a

Sie suchen:

- eine Zwei- oder Drei-Zimmer-Wohnung mit Balkon
- ruhige, aber zentrale Lage
- maximal 900 Euro mit Nebenkosten

Karte 1b

Sie arbeiten bei einer Immobilien-agentur. Sie bieten an:

- eine Zwei-Zimmer-Wohnung mit kleinem Balkon
- am Stadtrand, aber mit guter Verkehrsanbindung
- sehr ruhige Lage
- 1000 Euro inkl. Nebenkosten

Karte 2a

Sie suchen:

- ein Einfamilienhaus mit Garten
- am Stadtrand
- Haus in einer kinderfreundlichen Umgebung
- Kosten egal

Karte 2b

Sie arbeiten bei einer Immobilien-agentur. Sie bieten an:

- ein Einfamilienhaus ohne Garten
- am Stadtrand
- kinderfreundliche Umgebung (Spielplatz, Kindergarten in der Nähe)

Karte 3a

Sie suchen:

- ein Bauernhaus mit Garten
- mindestens 3 Zimmer
- in der Natur, weit weg von der Stadt
- höchstens (max.) 1300 Euro inklusive Nebenkosten

Karte 3b

Sie arbeiten bei einer Immobilien-agentur. Sie bieten an:

- ein schönes Bauernhaus in der Natur
- mit großem Garten und 4 Zimmern
- 1200 Euro mit Nebenkosten
- ABER: Das Haus wird erst in zwei Monaten frei.

Karte 4a

Sie suchen:

- eine Ein-Zimmer-Wohnung
- zentrale Lage ist sehr wichtig!
- höchstens (max.) 600 Euro mit Nebenkosten
- Sie möchten sofort einziehen, wenn möglich.

Karte 4b

Sie arbeiten bei einer Immobilien-agentur. Sie bieten an:

- eine Ein-Zimmer-Wohnung mit kleinem Balkon
- zentrale, aber ruhige Lage
- Super-Angebot! 600 Euro mit Nebenkosten
- ABER: Das Studio wird erst in zwei Monaten frei.

Wo ist meine Hose? [A]

1. Sie und Ihre Nachbarin/Ihr Nachbar sind zusammen umgezogen.
   Sie sind gerade beim Auspacken und diese Gegenstände finden Sie nicht:

Ihre Klarinette ▪ Ihren Fotoapparat ▪ Ihren Fernseher ▪ Ihre Handtasche ▪ Ihre Turnschuhe *(Pl.)* ▪ Ihre Kaffeemaschine

Vielleicht hat Ihre Mitbewohnerin/Ihr Mitbewohner diese Gegenstände/Kleidungsstücke verlegt? Fragen Sie sie/ihn.

Redemittel

A: Wohin hast du mein/e/n … gelegt/gestellt/gehängt?
oder: Hast du mein/e/n … gesehen?

B: Ich habe ihn/sie/es … gelegt/gestellt/gehängt.
oder: Ja, er/sie/es liegt/steht/hängt …

2. Schreiben Sie sechs Sätze über Ihre Gegenstände.

Meine Klarinette liegt …

Wo ist meine Hose? [B]

1. Sie und Ihre Nachbarin/Ihr Nachbar sind zusammen umgezogen.
   Sie sind gerade beim Auspacken und diese Gegenstände finden Sie nicht:

Ihre Lieblingshose ▪ Ihren Föhn ▪ Ihr Handy ▪ Ihre Reisetasche ▪ Ihre Sonnenbrille ▪ Ihre Lieblingstasse

   Vielleicht hat Ihre Mitbewohnerin/Ihr Mitbewohner diese Gegenstände/Kleidungsstücke verlegt?
   Fragen Sie sie/ihn.

Redemittel

A: Wohin hast du mein/e/n … gelegt/gestellt/gehängt?
oder: Hast du mein/e/n … gesehen?

B: Ich habe ihn/sie/es … gelegt/gestellt/gehängt.
oder: Ja, er/sie/es liegt/steht/hängt …

2. Schreiben Sie sechs Sätze über Ihre Gegenstände.

   Meine Lieblingshose liegt/hängt …

Satzanfänge und Satzenden

Karte A	Karte B	Karte A	Karte B
Ich suche ein	schönes Einfamilienhaus am Stadtrand.	Ich brauche eine	Drei-Zimmer-Wohnung im Stadtzentrum.
Ich stelle dieses	Buch ins Regal.	Stellst du bitte diesen	Kleiderschrank neben die Tür?
Hängen Sie Ihren	Mantel in den Flur!	Hängst du bitte dieses	schöne Bild an die Wand?
Ich wohne in der	dritten Etage.	Wir wohnen im	Erdgeschoss in einer neuen Wohnung.

Das Haus in der Marienstraße

Andrea Holzbein ruft die Maklerin noch einmal an.
Sie möchte weitere Details über das Haus in der Marienstraße wissen. Spielen Sie das Telefongespräch.

Das möchte Andrea wissen:

1. Gibt es einen Spielplatz in der Nähe? Wo genau?
2. Wo kann ich mein Auto parken?
3. Gibt es eine Bushaltestelle in der Nähe?
4. Gibt es auch eine Grünanlage/einen Park? Ist sie/er weit von dem Haus entfernt?
5. Wie viele Etagen hat das Haus?
6. In welchem Stock ist die Wohnung? (2.)
7. Gibt es einen Fahrstuhl im Haus? Wo genau?
8. Gibt es auch einen Keller?

Das ist das Haus in der Marienstraße.

Andreas Nachbarn [A]

1. Andrea ist in die Wohnung in der Marienstraße eingezogen. Sie wohnt im zweiten Stock.
   Das sind ihre Nachbarn.

2. Stock:

Matuschek ▪ Holzbein ▪ Familie Becker

1. Stock:

Neumann ▪ Maria Fischer ▪ leere Wohnung

Wer wohnt wo? Berichten Sie.

Im ersten Stock .../neben /unter/zwischen ...

2. Die Nachbarn stellen sich vor. Erzählen Sie Ihrer Nachbarin/Ihrem Nachbarn die Informationen weiter.
   Ihre Nachbarin/Ihr Nachbar macht Notizen.

   a) Ralf Matuschek erzählt:

   Ich bin in Dresden geboren und aufgewachsen. Ich habe mein ganzes Leben hier verbracht. Ich habe immer in diesem Haus gewohnt. Früher war ich Automechaniker, aber letztes Jahr habe ich meine Arbeit verloren.

   Sie erzählen: Er heißt Ralf Matuschek. Er ist in Dresden geboren und aufgewachsen ...

   b) Heinrich und Julia Neumann:

   ....

   ....

   ....

   c) Familie Becker. Frau Becker erzählt:

   Wir sind ein junges Ehepaar mit einem Kind. Mein Mann, Leopold, und ich haben vor zehn Jahren geheiratet. Unsere Tochter ist vier Jahre alt und geht in den Kindergarten. Wir sind letztes Jahr in diese Wohnung umgezogen und wir sind sehr glücklich hier.

   d) Maria Fischer:

   ....

   ....

   ....

3. Und wer ist Andrea Holzbein? Erfinden Sie ihre Geschichte.
   Sie können zum Beispiel folgende Fragen beantworten:
   - Wo ist Andrea geboren?
   - Was macht sie in Dresden?
   - Warum sucht sie eine Wohnung?
   - Wo hat sie früher gewohnt? Mit wem?

Andreas Nachbarn [B]

1. Andrea ist in die Wohnung in der Marienstraße eingezogen. Sie wohnt im zweiten Stock.
Das sind ihre Nachbarn.

2. Stock:
Matuschek ▪ Holzbein ▪ Familie Becker

1. Stock:
Neumann ▪ Maria Fischer ▪ leere Wohnung

Wer wohnt wo? Berichten Sie.
Im ersten Stock .../neben /unter/zwischen ...

2. Die Nachbarn stellen sich vor. Erzählen Sie Ihrer Nachbarin/Ihrem Nachbarn die Informationen weiter.
Ihre Nachbarin/Ihr Nachbar macht Notizen.

a) Ralf Matuschek:

....

....

....

b) Heinrich und Julia Neumann. Julia Neumann erzählt:

Unsere Wohnung ist im ersten Stock. Wir wohnen seit zwei Jahren in Dresden, aber das Leben in der Stadt gefällt uns nicht. Wir sind schon alt und wir möchten in unser kleines Dorf zurück.

Sie erzählen: Er heißt Heinrich Neumann. Er und seine Frau wohnen seit zwei Jahren in Dresden ...

c) Familie Becker:

....

....

....

d) Maria Fischer erzählt:

Ich bin in Polen geboren. Ich habe 41 Jahre als Bibliothekarin in einem Dresdner Museum gearbeitet. Jetzt bin ich Rentnerin. Ich lebe allein und genieße meine Ruhe.

3. Und wer ist Andrea Holzbein? Erfinden Sie ihre Geschichte.
Sie können zum Beispiel folgende Fragen beantworten:

- Wo ist Andrea geboren?
- Was macht sie in Dresden?
- Warum sucht sie eine Wohnung?
- Wo hat sie früher gewohnt? Mit wem?

Neugierige Fragen

START	Sie müssen plötzlich verreisen. Wo finden Sie Ihren Pass?		Was liegt im Moment auf Ihrem Schreibtisch?	Was sehen Sie beim Blick aus Ihrer Küche?	Sie sind zu Hause und haben Kopfschmerzen. Wo finden Sie Medikamente?
Was sehen Sie beim Blick aus Ihrem Schlafzimmer?	Was für Gebäude stehen neben Ihrem Haus?	Was sieht man auf der Straße, direkt vor Ihrem Haus?		Beschreiben Sie eine Nachbarin/einen Nachbarn.	
Was ist hinter Ihrem Haus?			Was hängt an der Wand Ihres Wohnzimmers?	Beschreiben Sie Ihre Straße.	Was für Bücher haben Sie? In welcher Sprache?
ENDE	Beschreiben Sie Ihr Lieblingszimmer.	Wo haben Sie in Ihrer Kindheit gewohnt?	In was für einem Haus möchten Sie gern wohnen?		Sie haben im Lotto 5000 Euro gewonnen. Was kaufen Sie für Ihre Wohnung?

Satzbautraining [A]

1. Kontrollieren Sie die Sätze Ihrer Nachbarin/Ihres Nachbarn.

(1) Der kleine Tisch steht neben dem Regal.

→ das Regal → der Bücherschrank

(2) Der kleine Tisch steht neben dem Bücherschrank.

→ neben, der Bücherschrank → zwischen, der Bücherschrank und die Tür

(3) Der kleine Tisch steht zwischen dem Bücherschrank und der Tür.

→ stehen → stellen, du

(4) Du stellst den kleinen Tisch zwischen den Bücherschrank und die Tür.

→ stellen → hängen | der Tisch → das Bild | . → ?

(5) Hängst du das kleine Bild zwischen den Bücherschrank und die Tür?

→ der Bücherschrank → die Lampe | ? → !

(6) Häng das kleine Bild zwischen die Lampe und die Tür!

2. Bilden Sie Sätze. Verändern Sie immer nur die vorgegebenen Wörter.

(1) Familie Kramer wohnt jetzt in einem Haus am Stadtrand.

→ Familie Kramer → Uta und Felix | das Haus → die Wohnung

(2) …

→ . → ? | jetzt → früher

(3) …

→ der Stadtrand → das Stadtzentrum

(4) …

→ das Stadtzentrum → der 1. Stock

(5) …

→ Uta und Felix → ich | ? → .

(6) …

Satzbautraining [B]

1. Bilden Sie Sätze. Verändern Sie immer nur die vorgegebenen Wörter.

(1) Der kleine Tisch steht neben dem Regal.

→ das Regal → der Bücherschrank

(2) ....

→ neben, der Bücherschrank → zwischen, der Bücherschrank und die Tür

(3) ....

→ stehen → stellen, du

(4) ....

→ stellen → hängen | der Tisch → das Bild | . → ?

(5) ....

→ der Bücherschrank → die Lampe | ? → !

(6) ....

2. Kontrollieren Sie die Sätze Ihrer Nachbarin/Ihres Nachbarn.

(1) Familie Kramer wohnt jetzt in einem Haus am Stadtrand.

→ Familie Kramer → Uta und Felix | das Haus → die Wohnung

(2) Uta und Felix wohnen jetzt in einer Wohnung am Stadtrand.

→ . → ? | jetzt → früher

(3) Haben Uta und Felix früher in einer Wohnung am Stadtrand gewohnt?

→ der Stadtrand → das Stadtzentrum

(4) Haben Uta und Felix früher in einer Wohnung im Stadtzentrum gewohnt?

→ das Stadtzentrum → der 1. Stock

(5) Haben Uta und Felix früher in einer Wohnung im ersten Stock gewohnt?

→ Uta und Felix → ich | ? → .

(6) Ich habe früher in einer Wohnung im ersten Stock gewohnt.

Grammatik- und Wortschatztraining

1. Ergänzen Sie die Nomen mit Artikel.

	maskulin	feminin	neutral	Plural
Nominativ	*der Schrank*	*die Wand*	*das Regal*	*die Stühle*
Akkusativ	....	....	....	....
Dativ	....	....	....	....

2. Ergänzen Sie die Personalpronomen.

Nominativ	ich	du	....	....	....	wir	ihr	....	Sie
Akkusativ	....	....	*ihn*	*sie*	....	....	....	....	....
Dativ	....	....	....	....	*ihm*	....	....	*ihnen*	....

3. Sammeln Sie viele passende Wörter. Achten Sie auf den Kasus und, wo nötig, auf die Präposition.
   1. Hier braucht man eine Fahrkarte:
      im Bus, ...
      ....
   2. Das kann man im Wohnzimmer finden:
      einen Tisch, ...
      ....
   3. Hier kann man essen:
      ....
      ....
   4. Das kann man in den Kühlschrank legen oder stellen:
      ....
      ....
   5. In diesen Gegenstand oder Raum kann man Bücher stellen oder legen:
      ....
      ....
   6. Auf diesen Möbeln kann man sitzen:
      ....
      ....
   7. Mit diesem Gegenstand isst man:
      ....
      ....

Wiederholungstest

1. Wie heißen die Gegenstände im Singular? Vergessen Sie den Artikel nicht.

1  ....

2 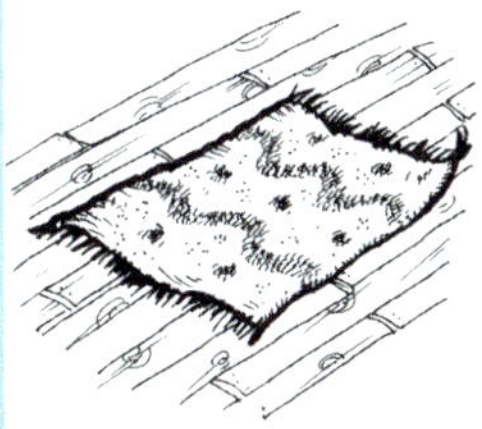 ....

3  ....

4  ....

5  ....

.... /5 Punkte

2. Schreiben Sie fünf Sätze über diese Wohnung.

ruhige Straße ▪ schöne, helle Wohnung ▪ 30 Minuten vom Stadtzentrum entfernt ▪ drei Zimmer ▪ 75 m^2 ▪ Bad ▪ Garten ▪ Garage ▪ Monatsmiete: 480 € + Nebenkosten

Die Wohnung ist schön und hell. ....

....

....

....

....

.... /10 Punkte

3. Ergänzen Sie den Komparativ.

1. Mein Haus ist groß, aber das Haus von Ingrid und Hans ist noch *größer*.
2. Unsere Küche ist hell, aber die Küche von Hartmut ist noch ....
3. In Frankreich wohnen viele Menschen, aber in der Türkei wohnen noch .... Menschen als in Frankreich.
4. Mein Onkel ist reich, aber deine Tante ist noch ....
5. In Südspanien ist der Sommer warm, aber in Florida ist es im Sommer noch ....
6. Ich spiele gern Tennis, aber Eishockey spiele ich noch ....

.... /5 Punkte

4. Ergänzen Sie die Präposition und den Artikel.

1. Wohin sollen wir das Bild hängen? Hängt es *neben das* Bücherregal.
2. Hast du meinen Schlüssel gesehen? Ja, er liegt .... d...... Küchentisch.
3. Darf man .... d...... Wohnzimmer rauchen? Nein.
4. Wohin soll ich diese Flasche stellen? Stell sie .... d...... Kühlschrank.
5. Ich suche eine Wohnung .... d...... Stadtmitte.
6. Entschuldigung, wo kann ich hier Medikamente kaufen? .... d...... Apotheke.
   Sie ist .... d...... Supermarkt.

.... /12 Punkte

5. *Dürfen, möchten, können* oder *müssen*? Ergänzen Sie die richtige Form.

1. Papa, *darf* ich am Wochenende auf eine Party gehen?
2. Frau Lorentz, ... Sie mich morgen um 10.00 Uhr anrufen?
3. Wir .... jetzt gehen. Unser Zug fährt in 30 Minuten.
4. Wie lange .... du heute im Büro bleiben?
5. Ich .... einen Termin für die Wohnung in der Hegelstraße vereinbaren.
6. Leider .... ich dich am Samstag nicht besuchen, denn ich habe keine Zeit.
7. Das ist eine Bibliothek. Hier .... man das Handy nicht benutzen.
8. .... ihr Karin helfen?
9. Laura .... diese Bilder an die Wand hängen.

.... /8 Punkte

6. Ergänzen Sie die Sätze logisch. Verwenden Sie jedes Verb nur einmal.

1. Im Arbeitszimmer kann man *arbeiten* und *telefonieren* .
2. In der Küche kann man .... und ....
3. Im Wohnzimmer kann man .... und ....
4. Im Bad kann man .... und ....
5. Auf dem Balkon kann man .... und ....
6. Im Garten kann man .... und ....

.... /10 Punkte

Insgesamt: .... /50 Punkte

Prüfungsvorbereitung *Goethe-Zertifikat A1: Start Deutsch 1*

Bitten formulieren und darauf reagieren

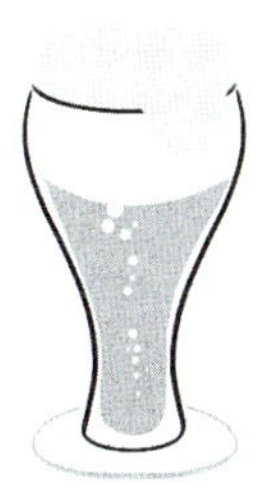

Bitten formulieren und darauf reagieren

Bitten formulieren und darauf reagieren

Bitten formulieren und darauf reagieren

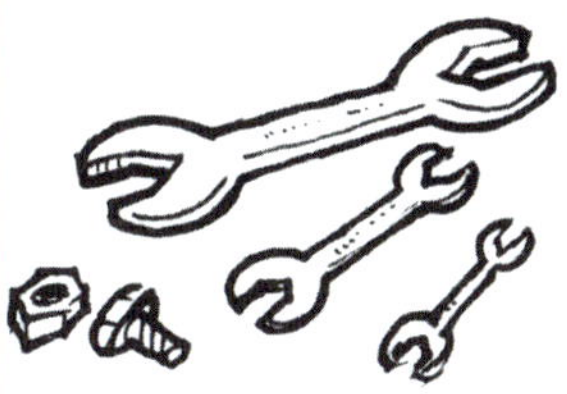

Bitten formulieren und darauf reagieren

Bitten formulieren und darauf reagieren

Bitten formulieren und darauf reagieren

Bitten formulieren und darauf reagieren

Bitten formulieren und darauf reagieren

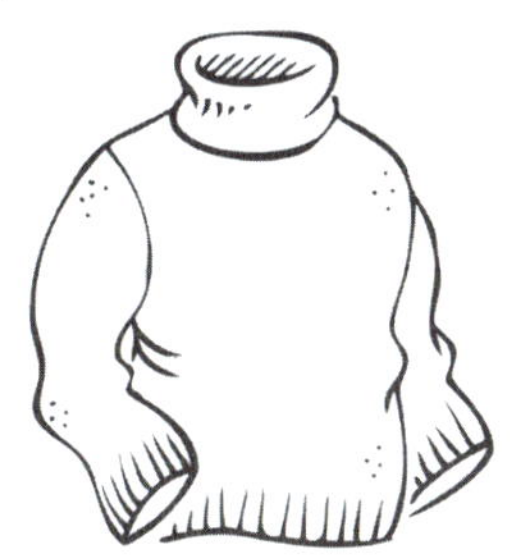

Bitten formulieren und darauf reagieren

Bitten formulieren und darauf reagieren

Bitten formulieren und darauf reagieren

Geschenke

Wie heißen die Gegenstände?
Schreiben Sie die Namen und wählen Sie dann ein passendes Geschenk für Ihre Nachbarin/Ihren Nachbarn.

1
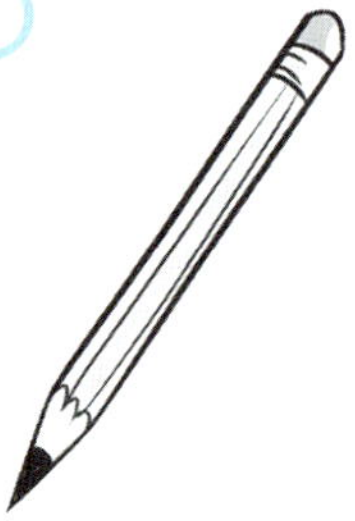

2

3

4

5

6

7

8

die Halskette, -n

9

10
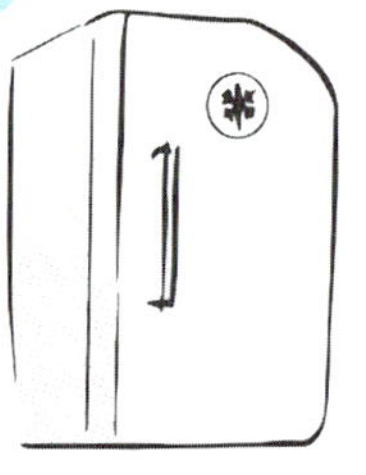

11

12

13

14

15
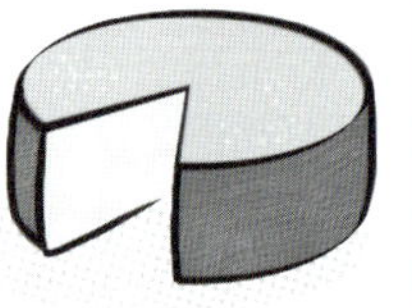

16

17

18

19

20

Was schenken wir …?

Karte 1

Tante Brigitte (65)

Sie mag Rockmusik, modische Kleider und liest gerne Romane.

Karte 2

Max (3)

Er ist ein sehr intelligenter kleiner Junge. Er mag Autos, Spielzeuge und Kinderfilme.

Karte 3

Anette (42)

Anette ist eine sehr sportliche Frau. Sie geht gern schwimmen, Tennis spielen und tanzen.

Karte 4

Onkel Franz (62)

Er arbeitet gern im Garten und repariert Sachen. Er spielt Violine und hört gern klassische Musik.

Karte 5

Johann (31)

Johann trägt gern modische und teure Anzüge. Er fährt gern Auto und geht oft in die Diskothek.

Karte 6

Julia (22)

Julia studiert Biologie, aber sie möchte Journalistin werden. Sie liest gern moderne Literatur.

Karte 7

Joachim (57)

Joachim ist ein sehr interessanter Mensch. Er hat sehr viele Hobbys: Kunst, Fußball, Sprachen und Kochen.

Karte 8

Leonie (12)

Leonie ist ein Wunderkind: Einstein fasziniert sie. Sie liest viel über Mathematik und Physik. Später möchte sie Physikerin werden.

Georg kauft ein

1. Was kann man in diesen Geschäften kaufen? Sammeln Sie Wörter.

   a) Spielzeugladen:

   ....

   ....

   b) Gemüsehändler:

   ....

   ....

   c) Blumengeschäft:

   ....

   ....

   d) Kleidergeschäft:

   ....

   ....

   e) Supermarkt:

   ....

   ....

   f) Käsehändler, Geschäft für Milchprodukte:

   ....

   ....

2. Der kleine Georg kauft ein. Was kauft er? Wem?/Für wen?

seine Mutter ▪ sein Vater ▪ seine Schwester ▪ sein Bruder ▪ seine Oma ▪ sein Opa

1

2
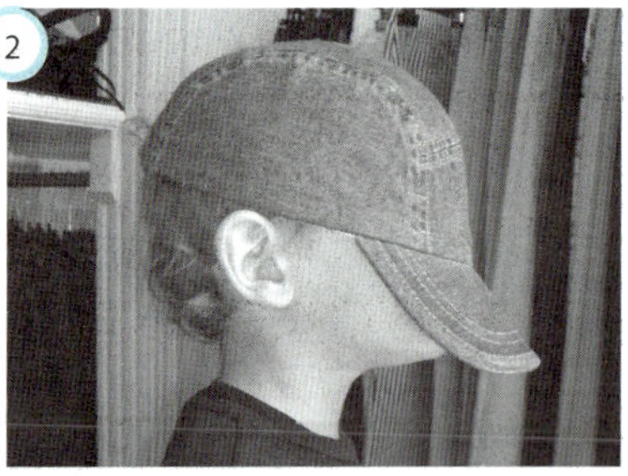

3

4

5

6

Sind Sie ein Partymensch?

Sind Sie ein Partymensch? Beantworten Sie die Fragen und finden Sie es heraus!

1. Ihr Geburtstag ist nächste Woche. Ihre Freunde möchten für Sie eine Geburtstagsparty machen. Haben Sie Lust?
   - a) ☐ Nein! Ich werde wieder ein Jahr älter. Das muss man nicht feiern!
   - b) ☐ Natürlich will ich feiern! Ich finde, die Party ist eine gute Idee.
   - c) ☐ Gute Idee. Aber so eine Feier muss man auch gut planen.

2. Ihre Freunde haben Ihnen zum Geburtstag eine Eintrittskarte in einen Vergnügungspark geschenkt. Wann fahren Sie?
   - a) ☐ Ich fahre nicht. Ich mag keine Vergnügungsparks. Ich gebe einem Freund die Eintrittskarte.
   - b) ☐ Nächstes Wochenende. Es wird sicher lustig! Das ist ein tolles Geschenk!
   - c) ☐ Das Datum ist nicht so wichtig, aber ich möchte zusammen mit meinen Freunden in den Vergnügungspark gehen.

3. Es ist Samstag. Gestern waren Sie auf einer Party.
   Heute ruft Sie eine Freundin an und lädt Sie heute Abend zu einer Party ein. Wie reagieren Sie?
   - a) ☐ Ich sage sofort ab. Ich bin spät nach Hause gekommen und bin müde.
   - b) ☐ Ich nehme die Einladung natürlich an.
   - c) ☐ Ich nehme die Einladung an, aber ich gehe nicht.

4. Ihre beste Freundin/Ihr bester Freund hat Ihre Geburtstagsfeier vergessen. Wie reagieren Sie?
   - a) ☐ Ich bin enttäuscht. Ich vergesse keinen Geburtstag!
   - b) ☐ Das ist nicht wichtig, wir können trotzdem feiern.
   - c) ☐ Ich kann es verstehen, denn manchmal vergesse ich auch wichtige Geburtstage.

5. Ihr Freund hat nächste Woche Geburtstag. Sie …
   - a) ☐ … tun nichts. Ihr Freund hat Ihren letzten Geburtstag vergessen.
   - b) ☐ … organisieren die Feier für ihn und laden alle Freunde ein.
   - c) ☐ … reservieren einen Tisch für zwei Personen in einem Restaurant.

Wenn Sie die meisten Fragen mit a) beantwortet haben: Sie sind definitiv kein Partymensch. Sie feiern nur ungern und Sie nehmen Partyeinladungen selten an. Sie wissen: Intime Gespräche ohne laute Musik können auch sehr schön sein.

Wenn Sie die meisten Fragen mit b) beantwortet haben: Sie lieben Partys. Sie gehen oft auf Partys und organisieren selbst Feiern. Wann haben Sie denn Zeit zum Schlafen? Achten Sie auf Ihre Gesundheit, denn dieses Tempo kann anstrengend werden.

Wenn Sie die meisten Fragen mit c) beantwortet haben: Sie gehen gern auf Partys, Sie sind ein netter Gast, aber selten Gastgeber. Seien Sie kreativ und organisieren Sie selbst mehr Partys! Ihre Freunde und Freundinnen nehmen Ihre Einladung mit Freude an!

Körperteile

1. *Der*, *die* oder *das*? Ergänzen Sie.

Zahn, ¨e ▪ Mund, ¨er ▪ Arm, -e ▪ Hand, ¨e ▪ Finger, - ▪ Bauch, ¨e ▪ Ellenbogen, - ▪ Kopf, ¨e ▪ Auge, -n ▪ Ohr, -en ▪ Nase, -n ▪ Knie, - ▪ Bein, -e ▪ Haar, -e ▪ Hals, ¨e ▪ Rücken, - ▪ Fuß, ¨e ▪ Zehe, -n

maskulin

Zahn, ¨e

....

....

....

....

....

....

....

....

feminin

....

....

....

neutral

....

....

....

....

....

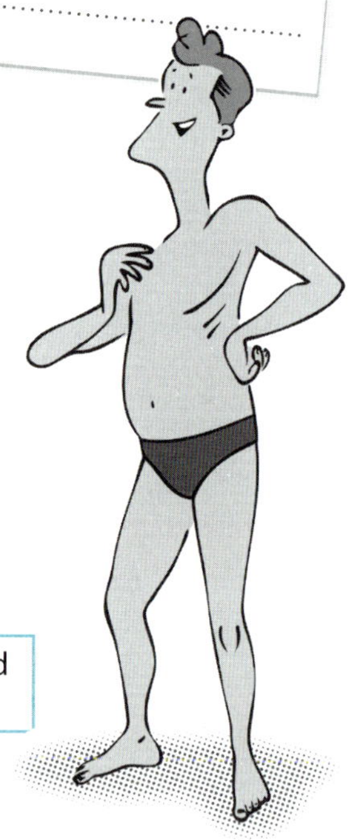

2. Was kann man mit den Körperteilen tun? Schreiben Sie Sätze.

zum Beispiel: arbeiten ▪ essen ▪ hören ▪ küssen ▪ lachen ▪ laufen ▪ Türen öffnen und schließen ▪ sehen ▪ eine Tasche tragen ▪ Fußball spielen ▪ singen

Mit den Ohren kann man hören …

....

....

....

....

....

....

....

....

....

Reaktionen

Karte A	Karte B	Karte A	Karte B
Ich habe die Sprachprüfung bestanden.	Ich gratuliere dir! War die Prüfung schwer?	Ich bin Vater geworden.	Glückwunsch! Ist es ein Junge oder ein Mädchen?
Karte A	**Karte B**	**Karte A**	**Karte B**
Ich habe heute Geburtstag.	Herzlichen Glückwunsch! Wie alt bist du eigentlich?	Ich habe Fieber und Husten.	Gute Besserung!
Karte A	**Karte B**	**Karte A**	**Karte B**
Wir gehen jetzt ins Kino.	Viel Spaß!	Hier ist Ihr Zimmerschlüssel.	Vielen Dank.
Karte A	**Karte B**	**Karte A**	**Karte B**
Wir haben ein neues Haus gekauft.	Alles Gute im neuen Heim!	Ich habe gestern geheiratet.	Wirklich? Wen denn?

Nachrichten

Ergänzen Sie die Sätze im Präsens und im Präteritum.
Achten Sie auf die unregelmäßigen Verben (!).

1. Politik

berichten • fliegen(!) • führen • sprechen (!)

a) Der Außenminister *fliegt/flog* nach Norwegen.
b) Er .... Gespräche mit seinem norwegischen Kollegen.
c) Die Minister .... über die Beziehungen zwischen Deutschland und Norwegen.
d) Die Zeitung .... über das Treffen.

2. Kultur

bewundern • eröffnen • kosten • zeigen

a) Der Präsident .... die Ausstellung.
b) Die Ausstellung .... Fotos aus der ganzen Welt.
c) Die Besucher .... auch Fotos aus Indonesien oder China.
d) Die Eintrittskarte .... 6,50 Euro.

3. Kino

drehen • gehen (!) • spielen • spielen

a) Dieser Film .... in Portugal.
b) Der Regisseur .... einen Film.
c) Die Schauspieler .... ihre Rollen.
d) Die Zuschauer .... ins Kino.

4. Sport

ausscheiden (!) • gewinnen (!) • kommen (!) • spielen • verlieren (!)

a) Zwei Mannschaften .... im UEFA-Pokal.
b) Eine Mannschaft .... das Spiel, die andere .... es.
c) Eine Mannschaft ...., die andere .... ins Finale.

5. Wetter

liegen (!) • regnen • scheinen (!) • sein (!)

a) Am Montag .... es, aber am Dienstag .... die Sonne.
b) Die Tagestemperaturen .... bei 23 bis 25 Grad.
c) Die Abende .... kühl.

An diesem Tag … [A]

1. Was passierte an diesen Tagen? Fragen Sie Ihre Nachbarin/Ihren Nachbarn und ergänzen Sie die Informationen.

1. **14. März 1879:** .... wurde in Ulm geboren.
2. **1. Januar 1982:** Die schwedische Gruppe ABBA gab in Stockholm ihr letztes Konzert.
3. **1. Januar 2002:** Man führte den .... ein.
4. **17.11.1865:** Louis Pasteur entdeckte die ....
5. **4.7.1954:** In Bern siegte die deutsche Nationalmannschaft 3:2 gegen Ungarn und wurde Fußball-Weltmeister.
6. **19. August 1936:** Federico García Lorca, ein spanischer Dichter, starb.
7. **19. Dezember 1915:** Der deutsche Neurologe .... starb in Breslau (heute: Wrocław, Polen).
8. **21. Dezember 1898:** Pierre und Marie Curie entdeckten das ....
9. **15. März 1493:** Kolumbus kehrte von seiner ersten amerikanischen Expedition nach Spanien zurück.
10. **16.1.1920:** Die Prohibition (das Alkoholverbot) begann in den USA. Sie dauerte .... Jahre.

2. Geben Sie den Infinitiv und das Perfekt der Verben an.

An diesem Tag … [B]

1. Was passierte an diesen Tagen? Fragen Sie Ihre Nachbarin/Ihren Nachbarn und ergänzen Sie die Informationen.

    1. **14. März 1879:** Albert Einstein wurde in Ulm geboren.
    2. **1. Januar 1982:** Die schwedische Gruppe ABBA gab .... ihr letztes Konzert.
    3. **1. Januar 2002:** Man führte den Euro ein.
    4. **17.11.1865:** Louis Pasteur entdeckte die Pasteurisierung.
    5. **4.7.1954:** In Bern siegte die .... Nationalmannschaft 3:2 gegen Ungarn und wurde Fußball-Weltmeister.
    6. .... **August 1936:** Federico García Lorca, ein spanischer Dichter, starb.
    7. **19. Dezember 1915:** Der deutsche Neurologe Alois Alzheimer starb in Breslau (heute: Wrocław, Polen).
    8. **21. Dezember 1898:** Pierre und Marie Curie entdeckten das Radium.
    9. **15. März 1493:** Kolumbus kehrte von seiner ersten amerikanischen Expedition nach .... zurück.
    10. **16.1.1920:** Die Prohibition (das Alkoholverbot) begann in den USA. Sie dauerte dreizehn Jahre.

2. Geben Sie den Infinitiv und das Perfekt der Verben an.

Satzbautraining [A]

1. Kontrollieren Sie die Sätze Ihrer Nachbarin/Ihres Nachbarn.

(1) Nehmen Sie Ihre Tabletten ein!

Sie → du

(2) Nimm deine Tabletten ein!

Präsens → Perfekt | ! → ?

(3) Hast du deine Tabletten eingenommen?

du → ihr

(4) Habt ihr eure Tabletten eingenommen?

eure Tabletten → diese Tabletten | einnehmen → kaufen

(5) Habt ihr diese Tabletten gekauft?

+ Apotheke

(6) Habt ihr diese Tabletten in der Apotheke gekauft?

ihr → wir | ? → .

(7) Wir haben diese Tabletten in der Apotheke gekauft.

2. Bilden Sie Sätze. Verändern Sie immer nur die vorgegebenen Wörter.

(1) Wir wollen im August nach Griechenland fahren.

Präsens → Präteritum

(2) ....

wir → Laura | Griechenland → China

(3) ....

wollen → müssen | August → Herbst

(4) ....

Warum? | Laura → du | . → ?

(5) ....

fahren müssen → fahren

(6) ....

du → ihr | China → Türkei

(7) ....

Satzbautraining [B]

1. Bilden Sie Sätze. Verändern Sie immer nur die vorgegebenen Wörter.

(1) Nehmen Sie Ihre Tabletten ein!

→ Sie → du

(2) ....

→ Präsens → Perfekt | ! → ?

(3) ....

→ du → ihr

(4) ....

→ eure Tabletten → diese Tabletten | einnehmen → kaufen

(5) ....

→ + Apotheke

(6) ....

→ ihr → wir | ? → .

(7) ....

2. Kontrollieren Sie die Sätze Ihrer Nachbarin/Ihres Nachbarn.

(1) Wir wollen im August nach Griechenland fahren.

→ Präsens → Präteritum

(2) Wir <u>wollten</u> im August nach Griechenland fahren.

→ wir → Laura | Griechenland → China

(3) <u>Laura wollte</u> im August nach <u>China</u> fahren.

→ wollen → müssen | August → Herbst

(4) Laura <u>musste</u> im <u>Herbst</u> nach China fahren.

→ Warum? Laura → du | . → ?

(5) <u>Warum musstest du</u> im Herbst nach China fahren?

→ fahren müssen → fahren

(6) Warum bist du im Herbst nach China <u>gefahren</u>?

→ du → ihr | China → Türkei

(7) Warum <u>seid ihr</u> im Herbst in die <u>Türkei</u> gefahren?

Grammatik- und Wortschatztraining

1. Ergänzen Sie das Präteritum der Modalverben.

	können	müssen	dürfen	wollen	sollen
ich	*konnte*	....	....	....	....
du	....	....	....	....	....
er/sie/es/man	....	....	....	....	....
wir	....	....	....	....	....
ihr	....	....	....	....	....
sie/Sie	....	....	....	....	....

2. Was konnten/mussten usw. Sie gestern machen? Bilden Sie viele Sätze.

3. Ergänzen Sie das Präsens und das Perfekt.
   Achtung: Einige Verben bilden das Perfekt mit *sein*.

Präsens	Präteritum	Perfekt
er/sie spielt	er/sie spielte	*er/sie hat gespielt*
....	er/sie eröffnete	....
....	er/sie flog	....
....	er/sie verlor	....
....	er/sie war	....
....	er/sie bezahlte	....
....	er/sie lief	....
....	er/sie arbeitete	....
....	er/sie erzählte	....
....	er/sie stand auf	....
....	er/sie reservierte	....
....	er/sie sagte ab	....
....	er/sie schrieb	....
....	er/sie trank	....
....	er/sie aß	....
....	er/sie gewann	....
....	er/sie heiratete	....

Wiederholungstest

1. Schreiben Sie zehn Körperteile mit Artikel auf. Zeichnen Sie auch einen Pfeil vom Wort zum Körperteil.

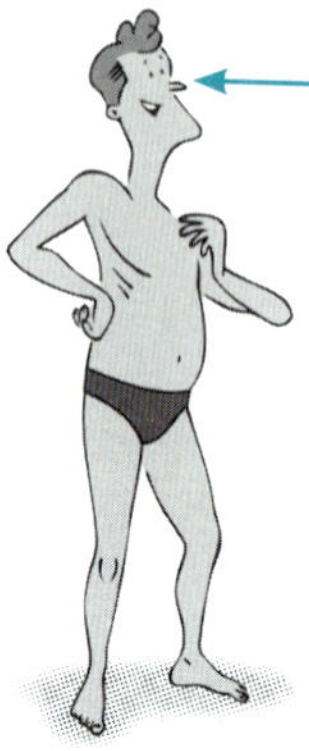

.... /10 Punkte

2. Was dürfen/müssen diese Leute (nicht) tun? Bilden Sie Sätze mit *dürfen* oder *müssen* in der richtigen Form.

   1. Petra hat Halsschmerzen. *Sie darf nicht viel sprechen.*
   2. Kirsten hat Fieber. *Sie* ....
   3. Oliver und Karl haben Kopfschmerzen. *Sie* ....
   4. Ich habe Ohrenschmerzen. *Du* ....
   5. Wir sind sehr müde. *Ihr* ....
   6. Herr Tannenbaum möchte besser Englisch sprechen.
      Er ....

.... /10 Punkte

3. Bilden Sie Sätze im Präteritum.

   1. Michael: uns gestern Abend nicht besuchen können – zu seinen Eltern fahren müssen
      Michael konnte uns gestern Abend nicht besuchen, denn er musste zu seinen Eltern fahren.
   2. ich: gestern früh aufstehen müssen – um 8.00 Uhr einen Termin haben
      ....
   3. wir: euch nicht anrufen können – keine Zeit haben
      ....
   4. Claudia und Ulrich: nicht nach Paris fahren wollen – schon vor zwei Jahren in Paris sein
      ....
   5. Tanja: nicht ins Kino gehen dürfen – Physik-Hausaufgaben machen müssen
      ....
   6. ihr: letztes Jahr keinen Alkohol trinken dürfen – noch nicht 18 sein
      ....

.... /10 Punkte

4. Ergänzen Sie das Verb in der richtigen Form.

1. Ich kann nicht gut *sehen*. Ich brauche eine Brille.
2. Diese Tabletten müssen Sie zweimal am Tag ....
3. Ich möchte gern einen Termin beim Arzt ....
4. .... Sie bitte Ihren Namen, denn ich habe ihn nicht gut verstanden.
5. Heute Vormittag haben wir sechs Briefe ....
6. Unser Bürgermeister hat am 21. März die Fotoausstellung ....
7. Ich möchte dich und deine Freundin zu meiner Geburtstagsfeier ....

.... /6 Punkte

5. Ergänzen Sie die Personalpronomen und, wo nötig, die Artikelendungen.

Es ist Weihnachten. Hannelore kauft Geschenke.

1. Sie kauft *ihrer* Mutter eine Uhr.
2. Sie hat auch einen Bruder. Sie kauft .... ein...... Hemd.
3. Ihr Vater mag Reisen. Sie schenkt .... ein...... Reisetasche.
4. Sie schenkt ihr................ Großvater ein...... Roman von Max Frisch.
5. Die Oma von Hannelore mag Blumen. Hannelore schenkt .... ein...... Vase.
6. Die Tante und der Onkel von Hannelore fotografieren gern. Hannelore schenkt .... ein...... Fotoapparat.

.... /10 Punkte

6. Ergänzen Sie die Präpositionen und die Artikelendungen.

1. Sandra war gestern *im* Kino.
2. Sascha soll heute .... Bett bleiben.
3. Was macht ihr .... Wochenende?
4. Morgen gehen wir .... Fitnessstudio.
5. Frau Becker musste .... ihr...... Sohn Abendessen kochen.
6. Willst du heute Abend .... ein...... italienischen Restaurant essen?
7. Wann fahren wir .... mein...... Schwester?

.... /9 Punkte

Insgesamt: .... /55 Punkte

Prüfungsvorbereitung *Goethe-Zertifikat A1: Start Deutsch 1*

Lesen Sie die beiden E-Mails. Sind die Sätze richtig oder falsch? Kreuzen Sie an.

Neue Nachricht

Von: **An:**

Betreff:

Lieber Guido,

leider konnte ich dich gestern Abend nicht anrufen. Ich musste bis 19.00 Uhr arbeiten, dann habe ich noch eingekauft und das Abendessen gekocht. Dann wollte ich telefonieren, aber es war schon 23.00 Uhr!
Aber heute Abend bin ich schon um 17.00 Uhr zu Hause und ich kann dich gegen 18.00 Uhr anrufen.

Bis dann
Paula

Senden

		richtig	falsch
1.	Paula ist gestern in der Nacht nach Hause gekommen.	☐	☐
2.	Paula möchte Guido heute Vormittag anrufen.	☐	☐

Neue Nachricht

Von: **An:**

Betreff:

Hallo Maria,

ich hoffe, es geht dir gut.
Warst du am Samstag auf der Geburtstagsparty von Elena? Wie war die Party? Hat Elena viele Geschenke bekommen? Was hast du ihr geschenkt?
Ich konnte leider nicht kommen, denn ich war krank. Ich hatte Fieber und Schnupfen, ich bin das ganze Wochenende im Bett geblieben und habe mindestens zwanzig Tabletten eingenommen!!! Zum Glück bin ich jetzt wieder gesund.
Möchtest du morgen nach der Arbeit mit mir Kaffee trinken gehen? Dann kannst du mir alles über die Party erzählen!
Bitte bringe auch mein Spanischbuch mit, ich brauche es nächste Woche. Danke.

Liebe Grüße
Elke

Senden

		richtig	falsch
3.	Elke möchte Maria sehen.	☐	☐
4.	Elena hat Elke zu einer Geburtstagsparty eingeladen.	☐	☐
5.	Elke ist seit letztem Wochenende krank.	☐	☐

Die Autorinnen danken Ingrid Grigull für die Erstellung des Lösungsteils.

1 Guten Tag

Arbeitsblatt 2 (Seite 48)

1. der Architekt, die Architektin
2. der Ingenieur, die Ingenieurin
3. der Maler, die Malerin
4. der Arzt, die Ärztin
5. der Mechaniker, die Mechanikerin
6. der Kommissar, die Kommissarin
7. der Kellner, die Kellnerin
8. der Koch, die Köchin

Arbeitsblatt 5 (Seite 51)

Marta: Ich heiße Marta. Ich bin geschieden. Ich bin von Beruf Mathematiklehrerin. Meine Hobbys sind Gitarre spielen und Musik hören.

Martin: Der Bruder von Hans heißt Martin. Er studiert Informatik in Bremen. Martin ist ledig. Er spricht eine Fremdsprache. Das ist Englisch. Sein Hobby ist Online-Texte schreiben.

Hans Behrens: Hans Behrens arbeitet als Chemiker bei BASF in Ludwigshafen. Er ist mit Susanne verheiratet. Sie *(Pl.)* haben zwei Kinder./Er *(Sg.)* hat zwei Kinder. Seine Hobbys sind Tennis spielen und Sprachen lernen.

Susanne: Susanne ist die Frau von Hans. Sie ist die Mutter von Maximilian und Marie. Susanne ist Managerin bei BASF. Ihr Hobby ist Kriminalromane lesen.

Maximilian: Maximilian ist der Sohn von Hans und Susanne. Er ist der Bruder von Marie. Er ist vier Jahre alt. Sein Hobby ist Fußball spielen.

Marie: Marie ist die Tochter von Hans und Susanne. Sie ist die Schwester von Maximilian. Sie ist acht Jahre alt. Ihr Hobby ist im Chor singen.

Arbeitsblatt 10 (Seite 58)

1. **singen:** ich singe, du singst, er/sie/es singt, wir singen, ihr singt, sie singen, Sie singen
   spielen: ich spiele, du spielst, er/sie/es spielt, wir spielen, ihr spielt, sie spielen, Sie spielen
   lernen: ich lerne, du lernst, er/sie/es lernt, wir lernen, ihr lernt, sie lernen, Sie lernen
2. **arbeiten:** ich arbeite, du arbeitest, er/sie/es arbeitet, wir arbeiten, ihr arbeitet, sie arbeiten, Sie arbeiten
   heißen: ich heiße, du heißt, er/sie/es heißt, wir heißen, ihr heißt, sie heißen, Sie heißen
   lesen: ich lese, du liest, er/sie/es liest, wir lesen, ihr lest, sie lesen, Sie lesen
   sprechen: ich spreche, du sprichst, er/sie/es spricht, wir sprechen, ihr sprecht, sie sprechen, Sie sprechen
   sein: ich bin, du bist, er/sie/es ist, wir sind, ihr seid, sie sind, Sie sind

Arbeitsblatt 11 (Seite 59/60)

1a. Ich komme aus Düsseldorf. Ich wohne in Berlin. Meine Telefonnummer ist (030) 24 76 54 99. Ich bin 36 Jahre alt. Ich arbeite als Kellnerin. Ich spreche gut Englisch und ein bisschen Finnisch. Meine Hobbys sind Tennis und Singen. Ich höre gern Musik. Ich bin verheiratet. Mein Mann arbeitet als Busfahrer.

1b. 36 Jahre – Kellnerin – verheiratet – Berlin – Tennis und Singen

2. liest – Spielt – Sind – kommt – Lernst
3. Spanien – Deutsch – England – Chinesisch – Italienisch – Portugiesisch
4. **b)** achtzehn **c)** zwanzig **d)** dreiundfünfzig **e)** zwölf **f)** vierundsiebzig **g)** einhunderteinunddreißig
5. **2.** Spielen Sie Fußball?/Spielst du Fußball?
   3. Wie ist Ihre/deine Telefonnummer?
   4. Woher kommen Sie?/Woher kommst du?
   5. Wo arbeiten Sie?/Wo arbeitest du?

Arbeitsblatt 12 (Seite 61)

2. Wie bitte? Wie alt sind Sie?
   Wie bitte? Woher kommen Sie?/Aus welchem Land kommen Sie?
   Wie bitte? Wo wohnen Sie?/Wie heißt Ihr Wohnort?
   Wie bitte? Wie ist Ihre Telefonnummer?
   Wie bitte? Sind Sie verheiratet?
   Wie bitte? Was ist Ihre Muttersprache?
   Wie bitte? Sprechen Sie Fremdsprachen?/Welche Fremdsprachen sprechen Sie?
   Wie bitte? Was sind Sie von Beruf?
   Wie bitte? Was sind Ihre Hobbys?/Welche Hobbys haben Sie?

2 Erste Kontakte am Arbeitsplatz

Arbeitsblätter 1a und b (Seite 62/63)

Fehlende Gegenstände: Papier im Drucker, Wörterbuch, Laptop, drei Bleistifte, Handy, Kugelschreiber, Kaffeetasse

Arbeitsblatt 4 (Seite 67)

maskulin: Bleistift, Computer, Drucker, Fußball, Kugelschreiber, Roman, Schreibtisch, Stuhl, Terminkalender, Tisch

feminin: Kaffeemaschine, Lampe, Rechnung, Zeitung

neutral: Büro, Papier, Regal, Sprachbuch, Telefon, Wörterbuch

Arbeitsblatt 10 (Seite 75)

1. **ich:** mein Vater, meine Mutter, mein Kind, meine Freunde
   du: dein Vater, deine Mutter, dein Kind, deine Freunde
   er/es: sein Vater, seine Mutter, sein Kind, seine Freunde
   sie: ihr Vater, ihre Mutter, ihr Kind, ihre Freunde
   wir: unser Vater, unsere Mutter, unser Kind, unsere Freunde

ihr: euer Vater, eure Mutter, euer Kind, eure Freunde
sie: ihr Vater, ihre Mutter, ihr Kind, ihre Freunde
Sie: Ihr Vater, Ihre Mutter, Ihr Kind, Ihre Freunde

Arbeitsblatt 11 (Seite 76/77)

1. **2.** der Laptop **3.** der Terminkalender **4.** das Smartphone **5.** der Schreibtisch **6.** der Drucker
2. **2.** nicht **3.** nicht **4.** nicht **5.** kein **6.** nicht
3. **2.** Wir hören gern Rockmusik.
   3. Der Drucker ist kaputt.
   4. Ich kann gut schwimmen.
   5. Können Sie Klavier spielen?
   6. Clara fährt am Dienstag nach Dortmund.
4. **2.** Ihre Nachbarin kann gut Salsa tanzen.
   3. Ihr Mann und ich arbeiten zusammen.
   4. Euer altes Auto ist schön.
   5. Unsere Tochter sammelt Briefmarken.
   6. Meine Telefonnummer ist 4 55 38 71.
5. **2.** Kocht **3.** kochen **4.** kochen **5.** besuchen **6.** besucht **7.** Besuchen **8.** besuchen **9.** fährt **10.** Fährst **11.** fahre
6. **2.** Ich habe ein großes Problem. (b)
   3. Das Buch ist nicht interessant, es ist langweilig. (c)
   4. Das Wochenende ist der Samstag und der Sonntag. (c)
   5. Am Dienstag lernen wir Japanisch. (b)
   6. Mein Stuhl ist unbequem. Ich kann nicht sitzen. (c)

3 Unterwegs in München

Arbeitsblatt 2 (Seite 80)

Im Satz ist kein Akkusativ:
Er ist der neue Informatiker. (sein + Nom.)
Der Preis ist inklusive Frühstück. (sein + Nom.)
Kyoto ist eine japanische Stadt. (sein + Nom.)
Ich zahle mit Kreditkarte.
Kommst du auch aus Köln?
Im Satz gibt es einen Akkusativ:
Ich habe ein Problem. (haben + Akk.)
Gibt es hier ein Hotelrestaurant? (es gibt + Akk.)
Gut, wir nehmen das Zimmer. (nehmen + Akk.)
Lesen Sie die E-Mail von Klara. (lesen + Akk.)
Brauchst du meine Handynummer? (brauchen + Akk.)
Lesen Sie den Text. (lesen + Akk.)
Trinken Sie auch einen Kaffee? (trinken + Akk.)
Am Freitag besuche ich den Englischen Garten. (besuchen + Akk.)
Ich schreibe einen Kriminalroman. (schreiben + Akk.)
Ich rauche fünf Zigaretten pro Tag. (rauchen + Akk.)
Hören Sie den Dialog. (hören + Akk.)
Spielen Sie kurze Gespräche. (spielen + Akk.)

Arbeitsblatt 10 (Seite 90)

1. **1.** siehe Kursbuch S. 65
2. **1.** Nom. + Nom. (sein): ein bequemer Stuhl (m), eine helle Lampe (f), ein modernes Faxgerät (n)
   2. Nom. + Akk. (brauchen): einen neuen Fernseher (m), eine neue Lampe (f), ein neues Faxgerät (n)
   3. Nom. + Akk. (kosten): ein neuer Computer (m), eine neue Brille (f), ein neues Auto (n)
   4. Nom. + Akk. (sehen): einen modernen Laptop (m), eine moderne Kaffeemaschine (f), ein modernes Telefon (n)
   5. Nom. + Akk. (es gibt): einen alten Turm (m), eine alte Bibliothek (f), ein schönes Museum (n)
   6. Nom. + Nom. (sein): eine große Bibliothek (f), ein großes Sekretariat (n)

Arbeitsblatt 11 (Seite 91/92)

1. **2.** die Post **3.** die Bank **4.** die Universität **5.** das Hotel **6.** der Supermarkt
2. **2.** Brauchen **3.** möchten **4.** Siehst **5.** lese **6.** fahrt
3. **2.** einen Laptop **3.** ein Auto **4.** eine Brille **5.** einen Drucker **6.** ein Handy/Smartphone/Telefon
4. **2.** ein griechisches **3.** ein neues **4.** ein schönes **5.** Meine alte **6.** ein großes
5. **2.** Ist die Lampe kaputt? **3.** Wann hat das Museum geöffnet? **4.** Zahlen Sie/Zahlst du bar? **5.** Wie ist Ihre/deine Adresse? **6.** Spielen Sie/Spielst du (gern) Gitarre?
6. **2.** die Tür schließen **3.** aus München kommen **4.** einen Kaffee trinken **5.** als Mathematiklehrer arbeiten **6.** der Computer funktioniert

Arbeitsblatt 12 (Seite 93)

1. **1.** richtig **2.** richtig **3.** richtig
2. **1.** a **2.** a

4 Essen und Trinken

Arbeitsblatt 1 (Seite 94)

1. geht – habe – nimmst – sind – liegt – sehe – nehme – nehme – möchten – möchte – lebst
2. *Verben ohne Vokalwechsel:* gehen, liegen, leben
   Verben mit Vokalwechsel: essen, nehmen, sehen
   besondere Verben: haben, sein, möchte(n)

Arbeitsblatt 7 (Seite 102)

siehe Kursbuch S. 94

Arbeitsblatt 10 (Seite 106)

1. **ich** koche, trinke, esse, nehme, möchte, kaufe, bestelle, mag
   du kochst, trinkst, isst, nimmst, möchtest, kaufst, bestellst, magst
   er/sie/es/man kocht, trinkt, isst, nimmt, möchte, kauft, bestellt, mag
   wir kochen, trinken, essen, nehmen, möchten, kaufen, bestellen, mögen

ihr kocht, trinkt, esst, nehmt, möchtet, kauft, bestellt, mögt
sie/Sie kochen, trinken, essen, nehmen, möchten, kaufen, bestellen, mögen

2. *Beispiele:*
   a) die Tomate, der Tee, das Törtchen
   b) die Apfelsine, der Aal, das Apfelkompott
   c) die Kartoffel, der Kaffee, das Kalbfleisch
   d) die Sahne, der Saft, das Salatgemüse
   e) die Butter, der Brotaufstrich, das Brot
   f) die Süßspeise, der Honig, das Ei

Arbeitsblatt 11 (Seite 107/108)

1. **2.** das Glas, die Gläser **3.** die Serviette, die Servietten **4.** die Kaffeetasse, die Kaffeetassen **5.** die Gabel, die Gabeln **6.** der Apfel, die Äpfel
2. **2.** süßer Wein **3.** süße Birnen **4.** großes Stück Kuchen **5.** warmes/heißes Wasser **6.** teures Restaurant
3. **2.** eine Tomatensuppe und das Schnitzel **3.** einen anderen Teller **4.** Den Apfelkuchen und den Obstsalat **5.** ein gekochtes Ei **6.** frischen Fisch – keinen Alkohol **7.** eine Scheibe – ein Brötchen
4. **2.** möchte – kostet **3.** ist **4.** nehme – mag **5.** essen – Ist – bekomme
5. **2.** a **3.** a **4.** b **5.** b **6.** a
6. *Beispiele:*
   1. der Tee, der Kaffee, der Saft
   2. der Apfel, die Birne, die Pflaume
   3. die Sahne, der Käse, der/das Joghurt
   4. der Salat, die Gurke, der Kohl

5 Alltag

Arbeitsblatt 10 (Seite 122)

1. ich habe gearbeitet, ich bin gekommen, ich habe eingekauft, ich habe besucht, ich habe getrunken, ich habe gegessen, ich habe gesprochen, ich habe angerufen, ich habe begonnen, ich habe studiert, ich habe kopiert, ich habe gespeichert, ich habe gewohnt, ich habe vereinbart
   ich habe gemacht, ich habe gelesen, ich habe gebucht, ich habe gehört, ich habe getanzt, ich habe gefrühstückt, ich habe bezahlt, ich bin aufgestanden, ich bin gegangen, ich habe übersetzt, ich bin gefahren, ich habe geschlafen, ich habe geschrieben, ich habe angefangen, ich habe eingeschaltet

Arbeitsblatt 11 (Seite 123/124)

1. **1.** Karl kommt am dritten Juni um siebzehn Uhr dreißig an.
   2. Der Deutschkurs beginnt am siebzehnten Fünften um achtzehn Uhr.
   3. Die Fotoausstellung hat vom zweiten Sechsten bis sechzehnten Achten geöffnet.
   4. Das Flugzeug aus Lissabon landet am zweiundzwanzigsten Zwölften um zweiundzwanzig Uhr fünfundvierzig.
   5. Die Konferenz endet am ersten März.
2. **2.** installieren **3.** erhalten/bekommen **4.** gespeichert **5.** schalte ihn aus (fahre ihn runter) **6.** drucken
3. Meine Waschmaschine – einen Termin – der Monteur; hat der Monteur – keine Zeit; meine Waschmaschine; das ist der 12.5.; den Monteur; Ihre Adresse – Ihre Telefonnummer
4. **2.** mag **3.** müsst **4.** soll (muss) **5.** Möchtet **6.** Kannst
5. **2.** habe gefrühstückt **3.** haben gegessen **4.** hat angefangen **5.** habe gearbeitet **6.** bin gefahren **7.** bin gekommen **8.** hat eingekauft – gekocht **9.** haben diskutiert **10.** bin gegangen
6. **2.** a **3.** b **4.** c **5.** b **6.** a

Arbeitsblatt 12 (Seite 125)

1. **1.** richtig **2.** falsch **3.** falsch
2. **1.** a **2.** b

6 Reisen

Arbeitsblatt 2 (Seite 128)

1. a) der Winter, der Frühling, der Sommer, der Herbst
   b) der Januar, der Februar, der März, der April, der Mai, der Juni, der Juli, der August, der September, der Oktober, der November, der Dezember
   c) der Montag, der Dienstag, der Mittwoch, der Donnerstag, der Freitag, der Samstag/Sonnabend, der Sonntag
   d) der Morgen, der Vormittag, der Mittag, der Nachmittag, der Abend
   e) der Sturm, der Wind, der Orkan, der Regen, der Hagel, der Schnee, der Frost, der Sonnenschein, der Nebel, der Donner, der Blitz
2. a) die Wärme, die Kälte, die Hitze, die Sonne, die Wolke
   b) die Nacht

Arbeitsblatt 5 (Seite 131)

1. gepackt **2.** bin **3.** finden **4.** habe **5.** gekauft **6.** gekauft **7.** gefällt **8.** passt **9.** passt **10.** anprobiert **11.** umtauschen **12.** gesehen **13.** machen **14.** macht **15.** brauchst **16.** findest **17.** fahren **18.** kaufe

Arbeitsblätter 6a und b (Seite 132/133)

Unterschiede und Ergänzungen:
Frau und Herr Müller sind nur sieben Tage in Rom geblieben.
Das Hotel war schön, aber laut.
Der Eintritt ins Kolosseum war nicht frei, die Karten haben 4,50 Euro pro Person gekostet.
Frau Müller hat sich viele Kleidungsstücke gekauft:

ein Kleid, eine Bluse, zwei Paar Schuhe, zwei Röcke und einen Bikini.
Sie haben nicht nur das Kolosseum und die Vatikanischen Museen, sondern auch den Petersdom besichtigt.
Der Fotoapparat ihres Mannes war am dritten Tag kaputt, deshalb konnten sie nicht so viele Fotos machen.

Arbeitsblatt 10 (Seite 138)

1. **essen:** Iss! Esst! Essen Sie!
 trinken: Trink! Trinkt! Trinken Sie!
 fahren: Fahr! Fahrt! Fahren Sie!
 nehmen: Nimm! Nehmt! Nehmen Sie!
 aufstehen: Steh auf! Steht auf! Stehen Sie auf!
 lesen: Lies! Lest! Lesen Sie!
 spielen: Spiel! Spielt! Spielen Sie!
 sprechen: Sprich! Sprecht! Sprechen Sie!
 warten: Wart(e)! Wartet! Warten Sie!
 schreiben: Schreib! Schreibt! Schreiben Sie!

Arbeitsblatt 11 (Seite 139/140)

1. **2.** das T-Shirt **3.** das Hemd/die Bluse **4.** der Mantel **5.** die Turnschuhe **6.** der Rock
2. **a)** Es ist kühl und die Temperatur beträgt 10 Grad./Das Thermometer zeigt 10 Grad/Es sind 10 Grad. Heute scheint die Sonne nicht. Es ist bewölkt und regnerisch./Es regnet.
 b) Heute friert es und es ist sehr kalt. Die Temperatur beträgt minus 7 Grad./Es sind minus 7 Grad./Das Thermometer zeigt minus 7 Grad. Auch weht ein starker/heftiger Wind.
3. **1.** in **2.** nach **3.** zu **4.** an **5.** auf **6.** mit – nach
4. **2.** uns **3.** ihn **4.** ihr **5.** sie **6.** Ihnen
5. **2.** Ja, bitte besuch mich morgen!
 3. Ja, bitte kauf heute Abend Brot!
 4. Ja, bitte schaltet den Fernseher/ihn aus!
 5. Ja, nimm ihn/den Obstsalat, …
 6. Nein, fahren Sie nicht!
6. nach – Wann – Vormittags – Zug – umsteigen – komme … an – Rückfahrt – einfache – einfache – Klasse – Sitzplatz – Gleis/Bahnsteig – Gleis/Bahnsteig – Wiedersehen

Arbeitsblatt 12 (Seite 141)

Rückflug: 17. Januar **nach:** Lima/Peru **Erwachsene:** zwei **Klasse:** zweite **Zahlungsweise:** MasterCard **Wohnsitz:** Deutschland

7 Wohnen

Arbeitsblatt 1 (Seite 142)

1a. **2.** der Sitzplatz, die Sitzplätze
 3. das Schlafzimmer, die Schlafzimmer
 4. die Turnschuhe *(Pl.)*
 5. das Kochbuch, die Kochbücher
 6. das Wohnzimmer, die Wohnzimmer
 7. die Waschmaschine, die Waschmaschinen
 8. die Mietwohnung, die Mietwohnungen
 9. der Tanzkurs, die Tanzkurse
 10. die Fahrkarte, die Fahrkarten
 11. das Parkverbot, die Parkverbote
 12. der Treffpunkt, die Treffpunkte
1b. **14.** die Lesebrille, die Lesebrillen
 15. der Anreisetag, die Anreisetage
2. **2.** In diesem Zimmer isst man.
 3. Mit dieser Maschine kopiert man.
 4. In diesem Anzug schläft man.
 5. Auf diesem Platz kann man spielen.
 6. An diesem Tag reist man ab.
 7. In diesem Zimmer arbeitet man.
 8. Hier ist Rauchen verboten.
 9. An dem/diesem Tag arbeitet man.
 10. Auf diesem Platz darf man parken.

Arbeitsblatt 2 (Seite 143)

Lückentext: Wohnungen, Zwei-Zimmer-Wohnung, Bad, Wohnzimmer, Balkon, Garten, Garten, Erdgeschoss, Garten, Nebenkosten, Nebenkosten, Zimmer, Bad, Balkon, Wohnzimmer, Etage, Miete, Bad, Balkon, Zwei-Zimmer-Wohnung, Stadtrand, Spielplatz, Etage, Stadtrand, Nebenkosten, Wiederhören

Arbeitsblatt 10 (Seite 154)

1.

	maskulin	*feminin*	*neutral*	*Plural*
Nom.	der Schrank	die Wand	das Regal	die Stühle
Akk.	den Schrank	die Wand	das Regal	die Stühle
Dativ	dem Schrank	der Wand	dem Regal	den Stühlen

2. **Nominativ:** ich, du, er, sie, es, wir, ihr, sie, Sie
 Akkusativ: mich, dich, ihn, sie, es, uns, euch, sie, Sie
 Dativ: mir, dir, ihm, ihr, ihm, uns, euch, ihnen, Ihnen

Arbeitsblatt 11 (Seite 155/156)

1. **1.** der Stuhl **2.** der Teppich **3.** das Fenster **4.** der Schreibtisch **5.** das Bild
2. *Mögliche Sätze:* Die (schöne und helle) Wohnung ist 75 qm groß. Sie hat drei Zimmer mit Bad. Ein Garten und eine Garage gehören auch dazu. Sie liegt in einer ruhigen Straße. Die Wohnung/Die Straße ist 30 Minuten vom Stadtzentrum entfernt. Die Wohnung kostet 480 Euro plus Nebenkosten.
3. **2.** heller **3.** mehr **4.** reicher **5.** wärmer **6.** lieber
4. **2.** auf dem **3.** in dem **4.** in den **5.** in der **6.** In der, neben dem
5. **2.** können **3.** müssen **4.** musst **5.** möchte **6.** kann **7.** darf **8.** Könnt **9.** kann/möchte/darf
6. **2.** kochen und backen **3.** lesen und fernsehen **4.** duschen und baden **5.** sitzen und Kaffee trinken **6.** sich sonnen und sich erholen

8 Begegnungen und Ereignisse

Arbeitsblatt 5 (Seite 162)

1. **maskulin:** Zahn, Mund, Arm, Finger, Bauch, Ellenbogen, Kopf, Hals, Rücken, Fuß
   feminin: Hand, Nase, Zehe
   neutral: Auge, Ohr, Knie, Bein, Haar

Arbeitsblatt 7 (Seite 164)

1. **b)** führt/führte **c)** spricht/sprach **d)** berichtet/berichtete
2. **a)** eröffnet/eröffnete **b)** zeigt/zeigte **c)** bewundern/bewunderten **d)** kostet/kostete
3. **a)** spielt/spielte **b)** dreht/drehte **c)** spielen/spielten **d)** gehen/gingen
4. **a)** spielen/spielten **b)** gewinnt/gewann, verliert/verlor **c)** scheidet aus/schied aus, kommt/kam
5. **a)** regnet/regnete, scheint/schien **b)** liegen/lagen **c)** sind/waren

Arbeitsblatt 10 (Seite 169)

1. ich konnte, musste, durfte, wollte, sollte
   du konntest, musstest, durftest, wolltest, solltest
   er/sie/es/man konnte, musste, durfte, wollte, sollte
   wir konnten, mussten, durften, wollten, sollten
   ihr konntet, musstet, durftet, wolltet, solltet
   sie/Sie konnten, mussten, durften, wollten, sollten
3. er/sie eröffnet – hat eröffnet
   er/sie fliegt – ist geflogen
   er/sie verliert – hat verloren
   er/sie ist – ist gewesen
   er/sie bezahlt – hat bezahlt
   er/sie läuft – ist gelaufen
   er/sie arbeitet – hat gearbeitet
   er/sie erzählt – hat erzählt
   er/sie steht auf – ist aufgestanden
   er/sie reserviert – hat reserviert
   er/sie sagt ab – hat abgesagt
   er/sie schreibt – hat geschrieben
   er/sie trinkt – hat getrunken
   er/sie isst – hat gegessen
   er/sie gewinnt – hat gewonnen
   er/sie heiratet – hat geheiratet

Arbeitsblatt 11 (Seite 170/171)

1. der Kopf, der Hals, das Ohr, die Schulter, der Arm, die Hand, der Finger, das Bein, der Fuß, die Zehe
2. **2.** Sie muss im Bett bleiben.
   3. Sie dürfen nicht Fußball spielen.
   4. Du musst zum Arzt gehen.
   5. Ihr müsst schlafen gehen.
   6. Er muss einen Englischkurs machen/besuchen.
3. **2.** Ich musste gestern früh aufstehen, weil ich um 8.00 Uhr einen Termin hatte.
   3. Wir konnten euch nicht anrufen, weil wir keine Zeit hatten.
   4. Claudia und Ulrich wollten nicht nach Paris fahren, denn sie waren schon vor zwei Jahren in Paris.
   5. Tanja durfte nicht ins Kino gehen, weil sie Physik-Hausaufgaben machen musste.
   6. Ihr durftet letztes Jahr keinen Alkohol trinken, denn ihr wart noch nicht 18.
4. **2.** einnehmen **3.** vereinbaren **4.** Wiederholen **5.** geschrieben/erhalten **6.** eröffnet **7.** einladen
5. **2.** ihm – ein **3.** ihm – eine **4.** ihrem – einen **5.** ihr – eine **6.** ihnen – einen
6. **2.** im **3.** am **4.** ins **5.** für ihren **6.** in einem **7.** zu meiner

Arbeitsblatt 12 (Seite 172)

1. **1.** falsch **2.** falsch **3.** richtig **4.** richtig **5.** falsch

Bildquellen:
© **stock.adobe.com:** Monkey Business (Cover); **S. 51** pololia (3), Kurhan (4), Asier (6), Olga Sapegina (5), sweetlaniko (1), insta_photos (2); **S. 59** Martin Villadsen; **S. 94** Niko; **S. 97/98** rdnzl (1), womue (2), PeJo (3), Petra Schueller (4), euthymia (5), rdnzl (6), ExQuisine (7), Grigoriy Lukyanov (8); **S. 100** kovaleva_ka ; **S. 101** Szakaly; **S. 107** vvoe (1), stockphoto-graf (2), UMA (3), Mariusz Blach (4), vvoe (5), Dionisvera (6)

© **A. Buscha:** 160

© **D. Liebers:** S. 141

Zeichnungen: Jean-Marc Deltorn